JN096742

エンジョイ！

ファシリテーション・ボール・メソッド

発達を
支援する
からだの学習

Facilitation Ball Method
Volume 2

FBM

FBM研究会 編

クリエイツかもがわ
CREATES KAMOGAWA

はじめに

　近年障がいの多様化が進み、発達に課題のある子どもたち、成人、高齢者への支援の必要性が高まり、具体的な支援の手立てが模索され、様々な取り組みや研究実践が行われています。

　ファシリテーション・ボール・メソッド（FBM）研究会では、これまでの実践研究を通して、発達に課題のある子どもから成人まで、幅広く活用できるFBMのノウハウを蓄積してきました。そこで今回、FBMの具体的な取り組みや指導をまとめることにしました。

　ファシリテーション・ボール・メソッド（FBM）は、栃木県宇都宮在住の谷口順子さんがご自身の体験を元に創案された方法で、空気の量を調整した柔らかいふわふわしたボール＝ファシリテーションボール（FB)によってもたらされる重力の免荷作用（重力の負荷が軽減されること）を活用して、子ども自身が身体を通して学ぶ教育的アプローチ方法です。

　発達に課題のある子どもたちは、「走り方、歩き方がぎこちない」「イスに座った姿勢がすぐに崩れてしまう」「落ち着きがなく、じっと座っていられない」「ハサミやお箸などの道具をうまく使えない」など姿勢や動作、巧緻性などの特徴や課題があります。また「僕はできない」と自信をもてない、「どうせ無理だ」とあきらめる、失敗を恐れて様々な活動（運動や遊び、学習など）に飛び込めないことで、自己肯定感をもちにくいことや、コミュニケーションが苦手で、良好な人間関係がうまく取れないことが多くあります。

　その結果、学ぶべき体験や経験の積み重ねができず、二次的な障がいを生じることもよく見られます。

　FBMの取り組みによって、障がいの有無、重度軽度、年齢や性別に関係なく、身体を動かすことの楽しさ、よろこびを感じ、自己肯定感がもてるようになります。

　子どもの成長・発達にとって、からだ（心と身体）の取り組みは、欠かすことができません。幅広くFBMを活用していただき、発達を支援するからだの学習として、子ども自身が楽しく自然にからだの学びができるように、役に立ててくださることを期待しています。

Let's enjoy "FBM"！

エンジョイ！ファシリテーション・ボール・メソッド＊もくじ

大切にしているポイント

Part 1

ファシリテーション・ボール・メソッド(FBM) の概要

ファシリテーション・ボール・メソッド (FBM) とは

> ファシリテーション・ボール・メソッド (FBM) は、ファシリテーションボール (FB) を活用した、**からだ（心と身体）への教育的アプローチ**であり、**心身の調和性と相互性そして自由度を大切にしたボディワーク**です。

　FBMは、空気の量を調節した柔らかいふわふわしたボール＝ファシリテーションボール (FB) を使って、重力負荷の少ない運動環境をつくり、心と身体を整え、自発的な運動・動作を引き出す方法です。FBの自在性、弾力性を活かして、心身のリラクセーションを促すとともに、抗重力活動、バランス、姿勢の保持、静止、変換、移動、支持性、手指の操作性などを、個々にプログラムしていきます。

　FBに乗ることで身体の広い面に触圧が入り、心と身体のリラックスが促されます。また、身体と床（地球）との間にすき間（空間）をつくることで、重力から解放されやすくなり、より自由に身体を動かせるようになったり、姿勢を整えたりすることも容易になります。自分の身体を感じ、気づき、知ることから始め、自分で動けるよろこびを感じ、自分の身体への働きかけが楽しめるようになります。自分で身体を動かすよろこびは、心と身体を解放し、より伸びやかな身体運動へ、そして、主体的な身体づくりへとつながっていきます。さらに、子どもと指導者、子どもと子どもが、FBを媒介として、お互いの存在を大切にしながら、ふれあい、感じ合い、試み合うことで、信頼関係を深め育ち合えるでしょう。

　2人、3人、そして小グループでのFBMの体験は、継続することで、友達を知り、感じ、相手に合わせながら、人との身体を通してのコミュニケーション（やりとり）を育むことができます。さらに、大きな集団で多くの友達と動きを合わせることで、相手の動きに気づき、お互いの存在や自分自身の発見へとつながっていきます。友達と一緒に身体を動かすよろこびや楽しさを感じながら、お互いを思いやる心や協力する態度、競争心などが育つ活動になります。

　FBMは障がいのある子どもたちの成長・発達を支援する身体の学習として、その可能性を広げています。

Part1
1−2 FBMの基本

　FBMの基本は、「タッチ(Touch)」「フィール(Feel)」「トライ(Try)」です。

　FBMでは、子どもに安心感を届けることを第一に考えて取り組みます。指導者の手の触れ方一つで、子どもに安心感を届けることができます。手で触れて、目で観て、耳で聴き、心で感じることから、子どもとFBと指導者の関わりをていねいに積み重ねていきます。

　まず指導者は、FBに慣れることから始めましょう。指導者が安心してFBに乗れるようになると、子どもも安心して身体をまかせてくれるようになります。

タッチ(Touch) ⇔ フィール(Feel) ⇔ トライ(Try)
「触れて」　　　　　　　「感じて」　　　　　　　「試みる」

　指導者は、子どもがFBの中心にゆったりと乗れるようにサポートして、姿勢を安定させながら、子どもの身体にそっと手を添えて（**タッチ(Touch)**）待ちます。その時、子どもの呼吸を感じられるように指先や手のひらをセンサーとして働かせます。

　そして、子どもの呼吸を感じ（**フィール(Feel)**）られるようになってきたら、指導者は子どもと呼吸を合わせていき、「じょうずに息を出せたよ」「深く呼吸ができたよ」「力が抜けてきたよ」と感じたことを言葉で伝えます。そうすると、子どもは「ふーっと」力を抜くことができて、子ども自身が少しずつリラックスできる感覚を得られるようになります。

　私たちは息を吸っている時には、力を抜くことはとても難しいですが、息を吐く時は身体の力が抜けてリラックスしやすくなります。

　子どもは、姿勢が安定してFBに身体をまかせられるようになると、少しずつ呼吸が深くなります。その理由は、空気の量を少なく調整したFBを媒体としているので、子どもが息を吸った時にFB内の空気圧が高くなり、息を吐く時には空気圧が低くなることで、子どもの呼吸に合わせるようにFBが反応してくれるからです。

　身体の緊張が強い子どもは、呼吸が浅かったり、呼吸を止めたりすることが苦手です。また、力を抜いてリラックスする感じがわかりづらく、「力を抜いて」「リラックスして」

と言葉かけをしても力の抜き方がわからず、うまくできません。FBの上で姿勢を安定させ、子どもと呼吸を合わせることで、力の抜き方を自然に自らの身体で学んでいきます。

そして、「触れて」「感じて」の関わり合いの繰り返しを通して、子どもの姿勢が安定し、リラックスできるようになってきたら、一緒に新しい動きや姿勢を試み（**トライ（Try）**）ていきます。

FBMでは、子どものやりたいことを大切に、希望に応えられるように取り組みます。

子どもからの自発的な動きを大切に、子どもができること、できそうなことを探ります。そして、**「触れて（Touch）」「感じて（Feel）」「試みる（Try）」** のやりとりを繰り返して、どのようにすると姿勢を整えられるか、動きを引き出せるのかと常に意識し、その手立てを考え、一緒にチャレンジしていきます。

側わんや拘縮があると診断された子どもたちにも、筋肉や関節、腱に負担をかけないように十分に留意しながら、あきらめないで可能性を求めます。

触刺激に過敏な子どもに対しては、反応を確かめながら手や足で徐々にボールに触れさせ、無理のない範囲で、慣れるまでゆったりゆっくりと関わることを大事にしています。

FBに乗ることへの不安が大きい子どもには、身体をFBに触れさせながら、慣れることから始め、子どもに安心感を届ける関わりを続けます。少しずつFBに身体をあずける体験を重ねていきましょう。

基本姿勢（ポジション）

FBの上での仰向け、うつ伏せ、側臥位、座位、四つ這い、膝立ち、立位の姿勢を基本にして、重心位置を変化させ姿勢変換を連続的に行い、日常的に生活の中で使える身体づくりを進めます。

基本姿勢では、図のように股関節、肩関節、膝関節が90度、または、180度になるように姿勢を保ちます。FBに乗った時、身体の重心位置とFBの重心位置を合わせることで、FB上で姿勢が安定し、リラックスできるようになります。

仰向け姿勢

うつ伏せ姿勢

腰かけ座位姿勢

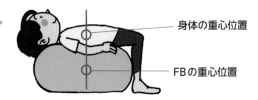

●身体とFBの重心位置を合わせます。

身体の重心位置

FBの重心位置

動きの方向

　FBMでは、人の身体の動きを３次元で捉えて、上下（頭←→足方向）・前後（腹←→背中方向）・左右（左肩←→右肩方向）の3方向で表しています。

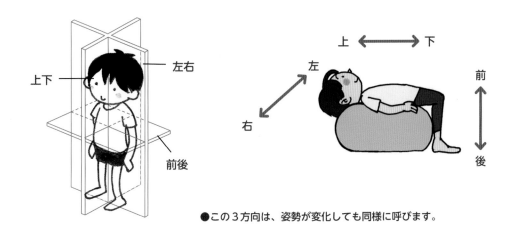

●この３方向は、姿勢が変化しても同様に呼びます。

揺れや振動の速さ

　子どもがリラックスでき心地良く感じられる速さ、子どもが反応できる速さを基本にしています。

　指導者は、はじめは姿勢が安定するまでじっと待ちます。そして、安定してから一定方向への動き（同じ速さで、揺れや振動刺激）を繰り返します。はじめはゆっくり、シンプルでわかりやすくします。慣れてきたら徐々に早くしていき、反応性を高めていきます。

　子どもの表情や筋緊張の状態を確かめながら、FBを媒介にリアルタイムでのやりとりをして、子ども自身で姿勢のコントロールや動きの学習ができるようにアプローチしていきます。

　揺れや振動が苦手な子どもは酔ってしまうことがあります。子どもの様子に合わせて、休憩も入れながら、ゆっくり取り組みましょう！

Part 1
1-3

ファシリテーションボール(FB)の特性と選び方

FBMでは、空気の量を調整した柔らかいふわふわしたボールを使用します。このボールの総称をファシリテーションボール（FB）と呼びます。

FBの特性

FBは、伸縮性や柔軟性の高さと柔らかいことに加え、肌触りが良く心地良さが感じられる素材のものを使用しています。個々のねらいやプログラムの内容に合わせFBの空気の量を調整します。そのことで、次のような特性が生まれます。

・重力の免荷状態の環境が設定できる。
・身体のラインに沿うようにフィットする。
・全身を包み込むような触圧が広い面積から入り、安心感や安堵感が生まれる。
・自分の身体を感じやすくなる。
・動きやすい環境設定につながり、身体を動かしやすい状態に導くことができる。

FBの効果

❶重力の免荷状態の環境が設定できる

肢体不自由の子どもたちがプールに入ると、普段動かしたことのないような動き（身体をひねったり、足や手を動かしたり）をして驚くことがあります。これには、水中で発生する浮力と水圧が関係しています。

FBに乗ることで、この水中での浮力とほぼ同じ作用をあらわす重力の免荷状態が設定でき、身体を動かしやすい環境に導くことができます。

指導者がFBを指先や手のひらで軽く押したと仮定します。FBに外部から狭い面積に対して力が働くと、FB内部の空気の圧力が増します。この時、FB内部の空気圧は、FBの全面に対して均等に高くなります（パスカルの原理）。すると、FBに乗っている人の身体（FBと接している面すべて）に対して押し上げるように力が働き、身体が動かしやすくなります。

この時、FBから身体を押し上げる力は、FBを人差し指で押した力の何百分の一、何千分の一（人差し指で押した圧力÷身体の背面の面積）に分散されるので、優しい触圧として身体の広い面積に伝わります。また、小さな力で、乗っている人の身体全体に働きかけることができます。

　以上のようなプロセスで、対象の人に対して直接、手で身体を動かす場合に比べ、小さな力でより効果的でストレス（負担）の少ない影響を与えることができるのです。このことを、重力の免荷状態の環境設定といいます。

体重

＊パスカルの原理：密閉された容器を満たす静止した流体は、その中の一部の圧力が増加すると、容器全体に圧力が同じだけ増加するという法則

❷接地面が広くとれ、姿勢が安定しやすい

　私たちの身体は、広い面積にふわっとじわ〜っと優しくゆっくり触圧が入ると身体がゆるみやすくなり、身体の狭い面積に強くて早い刺激が入ると全身の筋緊張を高める特徴があります。

　空気の量を少なくして使うFBでは、身体とFBの接地面が広くなり、ゆるやかな触圧刺激が入り筋緊張にゆるみが促されます。また、支持面が広くなることで姿勢が安定しやすくなり、その結果、スムーズで動きやすい身体状況に導きます。

❸FBによる増幅作用を活用できる

　指導者の小さな力で、FBに乗っている子どもに大きな変化（動き）を与えることができます。また、FBに乗っている本人が、自身の小さな動きをFBの上で大きな変化（動き、揺れ、振動）と感じ、身体を動かせるよろこびを得ることができ、自発的な動きへと広がります。

　人が床の上に仰向けで寝た状態では、床と身体の面に滑り摩擦が発生し身体を動かしづらくなります。FBMの取り組みでは、床と身体の間にFBを入れ（FBに乗り）、床との間に空気の層をつくります。FBは球体ゆえに発生する摩擦は、滑り摩擦ではなく転がり摩擦となります。滑り摩擦と転がり摩擦の関係は、滑り摩擦＞転がり摩擦なので、床上の人を動

かすことに比べ、小さな力で同じ効果をもたらすことができます。言い換えると、人の身体に大きな変化を与えることができます。これをFBによる増幅作用と呼んでいます。

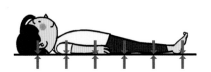

❹環境の変化に適応できる力を高められる（身体の内側と外側の調和）

　重力の免荷状態という、身体の外側の動かしやすい環境の中で、身体の内側のつながりを学習していきます。

　子どもたちはFBで自由に楽しく遊びながら、FBを自在に操作し、環境に適応させるべく、自ら自分の身体に働きかけます。自然に身体の動かし方やバランスを身につけていけるようになります。さらに自己を取り巻く環境への意識や空間の認知力（上下、左右、前後など）が高まることにもつながります。

空気の量の調整について

　FBに入れる空気の量の調整は、FBMを進める上で重要な要素の1つとなります。空気の量を20％ぐらいから80％ぐらいまでに調整します。空気の量が少ないと、反発力は低くなりフィット感は良くなりますが、即応性がゆるやかになります。逆に空気の量が多いと、即応性が増し瞬発力も高まります。

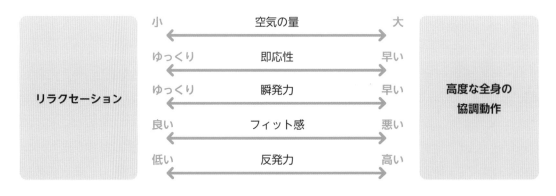

FBの空気の量や大きさは、子どもの状態や課題によって判断し、調節する。

リラクセーションを促したい時、自己の身体と向き合いたい時（自分の身体を感じたい時）には空気の量を少なくし、高度な全身の協調動作を求め即応性が望まれる時には空気の量を多くします。

　具体的には、身体にマヒがあり、緊張が強く動きが少ない子どもには、空気の量を少なくし全身を包み込むようにして、身体に触圧を入れます。そのことが安心感につながり、身体の筋緊張をゆるめ、体幹の安定性を高め、動かしやすい環境設定にもなります。

　低緊張の子どもには、空気の量を多くして、反応性や抗重力活動、支持性を高めるようにします。覚醒レベルを上げることにも効果があります。

　知的障がいや発達障がいの子どもには、空気の量の多いFBを使い、身体の動きがFBを通して瞬時に伝わるようにして、バランス感覚を高め、体幹の保持や抗重力活動を促すようにします。また体重移動や静止動作の学習を繰り返すことで、体幹が安定し、より良い姿勢で注意集中ができるようにします。

FBの大きさの選び方

　FBの大きさは、100%空気を入れた時の直径が15cm、45cm、55cm、65cm、75cm、85cm、95cmのものを使用しています。

　選び方は、使用目的やプログラムによるのですが、基本的には、うつ伏せ、仰向け、腰かけ座位姿勢で乗った時に、各関節の可動域がおおよそ90度または180度になる大きさのものを選びます。

　例えば、うつ伏せ姿勢で使用する場合、体幹と肩関節、体幹と股関節、膝関節がおおよそ90度になる大きさのものを選びます。

　この角度は、各関節の可動域の中間位置にあたり、次の動きにつながりやすく、姿勢のコントロールや支持性の向上を図る上でも有効になります。

　FBの空気の量や大きさは、対象となる子どもの身体状況の見立てをていねいに行い、個々の状態の把握をしながら、課題、プログラム内容を判断し、調整、選択していくことが重要です。

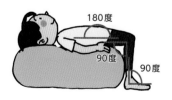

FBM の効果の仕組み

　FBMでは、感覚受容器（触覚、視覚、聴覚など）に正しい感覚運動刺激を入力（インプット）することが重要であると捉えています。正しく適切な感覚運動刺激が入力されてこそ、中枢神経系で統合され効果器（筋肉、分泌腺など）による適切な出力（アウトプット）ができます。子どもが過度の筋緊張や低緊張の状態であったり、姿勢の歪みや変形があったりする場合には、感覚運動刺激が中枢神経系で適切に統合されず、円滑な動作や姿勢の学習にはつながらないでしょう。

　FBMのアプローチは、揺れなどの刺激と同時に、抗重力活動、バランス反応、姿勢保持、姿勢変換、移動、支持、手指操作など、個々の課題に応じてプログラムを立てながら行います。子どもに安心感を与えながら、FBに身体をゆだねてリラクセーションをはかり、筋緊張を整え、身体の内側の関節や骨、筋肉の関係性を正しい位置関係に調整します。FBに

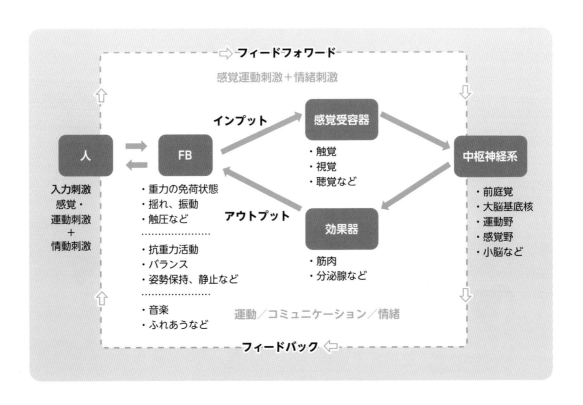

身体をゆだねてリラックスできると、呼吸が安定し血液循環が良くなるだけでなく、自分の身体への気づきと心の解放感も生まれて、身体の中のつながりを感じられるようにもなります。

　また、FBの特性によって、小さな入力刺激を増幅したり、ほぼ同じ程度の量や方向、速度で繰り返し感覚運動刺激を入力することができます。パスカルの原理に沿った抗重力活動の促通、自在なベクトルによる連続的な動きづくり、身体と環境との調整が可能になります。

　こうした無理のない適切な感覚運動刺激の繰り返しによって、感覚受容器→中枢神経系→効果器へのフィードバック制御回路（経験したことをもとに修正し、繰り返すことで精度を上げる）が形成されていきます。さらに、フィードフォワード制御回路（経験をもとに初めての行動も予測して動くことができる）が形成されることで、より円滑な早い動作が可能になり、様々な動作スキルの習熟につながると考えます。

　FBMは、重力の免荷状態での動きやすい運動環境、自由度のある動きと自発性の促進、触圧による安心感と心の解放などにより、生命機能を賦活させ、感覚運動機能の改善などの効果をもたらすといえるでしょう。

FBM のプログラムの立て方

ここでは、FBMの基本的なプログラムの手順と立て方について説明します。

プログラムの手順

| 評価・アセスメント | 子どもの見立て
医療的な注意事項の確認 |

＋

| 課題を見つける | 筋緊張、左右差、姿勢、変形、拘縮、
側わん、運動発達課題など |

| 具体的目標を立てる | 長期目標＋短期目標
本人・保護者の希望、願い |

| プログラム作成＋実践 | 姿勢保持や動きへのチャレンジ
できること、動けることへのよろこびの共有 |

| 再評価・プログラム修正 |

プログラムの立て方

姿勢（ポジション）と使用するFBを決める

- 子どもがとりやすい、あるいは、できそうな姿勢から始めます。
- 姿勢や課題に合わせて、FBのサイズや空気の量を調整します。

- はじめは空気の量を少なくして身体が安定しやすく、リラックスできやすいようにします。徐々に抗重力活動や支持性を高めるように空気の量を増やしていきます。

❷ FB 上で姿勢を安定させる

- 子どもの身体（肩、腰、骨盤等）をていねいに支えて、身体の重心位置とFBの重心位置が重なり、FBの真ん中で身体が安定するようにします。
- 最初は不安を与えないように広い範囲で身体に触圧をかけて、じっくりじっくり待ち安心感を届けます。
- 呼吸を感じ合いながら、子どもがゆったり深い呼吸ができるようにします。

❸ リラクセーションを促し、筋緊張を整える

- 子どもがFBに身体をまかせて、ゆだねることができるようにします。
- 子どもの呼吸のリズムに合わせて、息を吐いた時にリラックスできるように支援していきます。
- 適切な揺れや振動を与えることで、身体の緊張をゆるめる働きかけをします。
- 子どもが心地良さを感じられるように、柔らかくゆったりと関わりましょう。

❹ 身体の各部位の位置関係を整える

- 緊張している部位を感じて、手のひら全体で軽く押さえ、子どもにわかるように伝えながら、左右差が少なくなるように調整をします。
- 姿勢のねじれ、歪みを把握して、子どもの反応を感じながら適切な揺れや振動を繰り返し与えて、関節と筋肉の位置関係を整えます。
- 体幹部（脊柱[*1]⇔骨盤⇔肩）がリラックスでき姿勢が安定してくると、続いて、首⇔肩、肩⇔肘⇔手首、股関節⇔膝⇔足首の筋緊張をゆるめながら、各部位の位置関係を整えます。

❺ 自発的、主体的な動きづくりへ広げる

- 運動発達に必要な、抗重力活動、バランス反応や立ち直り反応[*2]を促し、高次の姿勢保持や動きが引き出せるようにします。
- 前後左右の重心移動と身体の中心（真ん中）の学習を繰り返し、身体の軸をつくり、より良い姿勢で安定するようにします。

*1 脊柱：背骨　*2 立ち直り反応：重力に抗して頭や体幹を真ん中に戻そうとする反応

- 手の支持性、操作性を高める学習プログラムを取り入れます。
- 複数のFBを組み合わせ、様々な姿勢や動き、姿勢変換等にチャレンジします。

実践例

　FBに腰かけ姿勢で座る練習を例に説明します。

　私たちは、常に、重力に抗して身体（頭・手足・体幹など）の位置関係を保持し、自分の体重をコントロールしながら、姿勢を維持し平衡を保っています。そこでは、体幹を安定させるための「体幹の筋力」と身体の重心位置の揺れを最小限にする「静的バランス能力」、身体の重心位置の変化を常に適切に修正し、重力に抗して姿勢を正しい位置（負荷の少ない位置）に保つ「立ち直り反応」が重要になります。さらに、姿勢をコントロールするためには、視覚、平衡感覚、体性感覚（足底からの荷重情報）などの感覚情報が必要になります。これらの総合的な働きによって、自分の身体や自分の置かれた状況を的確に捉えることができ、安定した姿勢がとれるようになります。

　骨盤や胸郭の歪みなどにより姿勢の悪い子どもがFBに乗り、図のように、立ち直り反応により頭を重心線上に保とうとすると、背中が反ったり、丸まったりという姿勢の崩れを促してしまいます。そこで、FBを操作し、骨盤の位置を変化させる（背中が反っていたら重心線より腰の位置を後ろにする）ことで身体は骨盤の動きに合わせて立ち、脊柱がその上に乗ると、背筋が重心線に沿う方向に促されます。この取り組みを繰り返すことで、Bのような重力に抗した安定した負荷の少ない姿勢がとれるようになります。

　このような過程（プロセス）を通して、多動な子や注意集中が続かない子、低緊張の子どもたちも、姿勢がよくなり安定して座ることができるようになります。その結果、課題により集中でき、よく人の話を聞けるようになり、周りとの相互理解が進み、対人関係の改善にもつながっていきます。

A

B

C

FBMで大切にしている関わり方

 子どもの見立てをていねいに！

- 子どもの健康、身体（姿勢、バランス、呼吸、筋緊張、歪み等）、発達、コミュニケーション、配慮事項等の情報を可能な限り把握することに努めます。
- 子どもからのサインやシグナル（表情、しぐさ、顔色、視線、声の調子等）に気づくセンサー磨きがとても大事になります。
- 子どもに負担や無理のない姿勢をとらせるようにして、子どもの様子をじっくり観て、姿勢や筋緊張、動きの特徴を把握します。

 子どもとの関わり方のポイント

- 手助けが必要な子どもには、手を添えて教えましょう。
  - →無理なく、わかりやすく、ていねいに！
- 子どもの目を見て、言葉かけをしましょう。
  - →目の動きや表情からのサインを受け取りながら、優しい視線を送ります。
- 子どもとの距離も考えながら、子どもが不安や怖さを感じないようにしましょう。
  - →子どもの心に入り込みすぎないようにしたいですね。
- 子どもがした動きや行動をよく見て、気づいて、伝えましょう。
  - →「見てくれている！」「気づいてくれる！」人がそばにいてくれることが、子どもの安心とエネルギーになりますよ。
- 子どもの行動を理解し、子どもの気持ちを感じられるように努めましょう。
  - →じっくり待って・ゆったり見守り・心を受け止めて！
- 一緒に楽しむ、一緒に遊べる関係をつくりましょう。
  - →子どもの遊びに真剣にとことん付き合いましょう。
- OKサインを届けよう！「認めて！ ほめて！ 期待して！」
  - →できなくても大丈夫！ できるように一緒に努力しよう！

どうすればできるようになるのか、
アイデアを考え、工夫し、試みるのが指導者の役割！
お互いがいい関係の中で育ち合い、わかり合えるようにしたいですね。

Let's enjoy "FBM" !

FBMのアプローチ

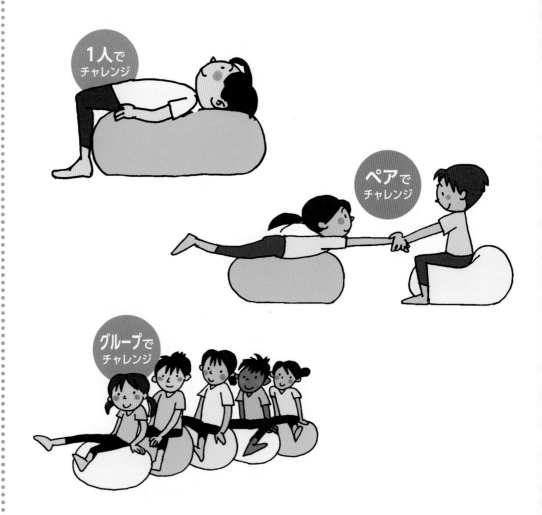

1人で、ペアで、グループで楽しもう！

Part2

まず、FBに触れて、自分で体験して、慣れることから始めよう

　子どもたちは、身体を動かすことが大好きです。運動の苦手な子どもでも、楽しそうな活動や本人のできそうな活動ならば「僕もやってみたい」という気持ちが育まれてきます。でも、発達障がいのある子どもたちの中には、身体の動きがぎこちなかったり、身体を動かすことが苦手なために、自分に自信がもてなかったり、見通しがもてなかったりすると不安になり、億劫になってしまいあきらめてしまう子たちがたくさんいます。

　子どもたちが、できるところからチャレンジすることが大切です。

　FBMは、FBを媒体とした身体へのアプローチです。どんなに身体が動かなくても、どんなに気持ちが沈んでいてもFBに触れることはできるでしょう。FBMの指導のスタートは、FBに触れることから始めましょう。FBはふわふわしています。小さな力で形が自由に変わります。腕を乗せただけでも、身体を包み込むような安心感や心地良さが伝わってきます。自分の身体を感じやすくなります。FBの感触を心ゆくまで触れて感じる体験をさせてあげてください。FBに触れることで、FBへの興味や関心がわき、FBに触れながら子どもたちは、これから始まる活動へのイメージをもつことができ、安心して取り組めるようになります。無理したり急いだりはしないで、子どもたちの気持ちが動くのを待ちましょう。

　子どもたち自身が「やってみたい」から「やってみよう！」と気持ちを動かすことが大切なのです。FBのふわふわした心地良さが、子どもたちの心も身体もほぐし、もっとやってみたいという気持ちを引き出すことになっていきます。その勇気を育んでくれることでしょう。そこから、FBMの素敵な取り組みが始まります。

FBに乗るときには、子どもを安心させる支援を

　発達障がいのある人たちの中には、活動に参加したい気持ちがあっても、失敗経験や自信がもてないことから、活動に参加できない人もいます。

　成功体験を積み重ねることで、不安感を少なくし自信を育てることが望まれます。

初めて子どもがFBに乗る時には、指導者がFBを軽く押さえ安定させたり、FBの空気の量を少なめにし基底面を広くして、安定・安心できる条件を整えるなどの支援を行いましょう。指導者は、子どもの状況に合わせ、少しずつ支援の量を減らし子ども自身に活動をゆだねていきます。この時、自信がもてるように「これでいいよ！」「できてるよ！」と声かけも忘れずにしましょう。

試行錯誤できる時間の保証を

　日常生活では何気ない姿勢や活動が、FBの上では少し難しくなります。見ていると楽しそうで自分もしてみたいと思ってしまいます。でも実際にFBに乗ってみると、見るのとやってみるのでは大違いということに気づきます。柔らかく不安定なFBに乗り姿勢を保つためには全身の協調動作やバランスが求められます。そして、より自分の身体を意識するようになります。

　発達障がいのある子どもたちの動きは、時として、ぎこちないという言葉で表現されてきました。その子どもたちがFBに乗り、FBによりもたらされた新しい環境に自分の身体を適応させようと、新しい身体の使い方を模索するようになります。子どもは、何度も何度も、試行錯誤を繰り返すことを求められ、身体の使い方が改善されていきます。指導者が子どもたちの試行錯誤の繰り返しを理解し見守り、適切なタイミングで支援やアドバイスをすることでより望ましい身体の使い方や動き方、姿勢の学習につながります。

　そのため、指導者は、①安全を確保し子どもたち一人ひとりの取り組みを見守ること、②子どもたち自身が、自らの身体を通して試行錯誤できる時間を確保することが望まれます。

　すぐに上手にはなりませんが、繰り返しの中で向上していきます。そして、全身を使い、心と身体を動かし培った新しい身体の使い方は、きっと生活の中でも活かされるようになっていくでしょう。

　FBMによって培われた環境に適応しようとする力は、FB上に留まらず、環境の変化に適応し自分らしく生きる力へとつながるという期待をもち、子どもたちと一緒に楽しく取り組んでいきましょう。

さあ、いよいよFBMのからだの学習のスタートです。
1人で、ペアで、グループで、いろいろな姿勢や動きを体験し
笑顔で楽しくトライしてくださいね！

1 FB にもたれて

ねらい
- 体幹のリラックス
- 座位バランスの向上

〈左右に揺らす〉

体幹を大きく
伸展する

左

〈 基本の姿勢 〉

FBの真ん中に、
ゆったりもたれて座ります。

真ん中

左右のバランス練習を
楽しもう

体幹のインナーマッスルを
鍛える練習になるよ

息を吐く時に力が
抜ける感覚を味わおう
頭を後方に倒して、
リラックスするのもいいよ

〈前後に揺らす〉

前

右

ゆっくり呼吸をしながらFBに
まかせて左右に揺れます。

後

ゆっくり呼吸をしながらFBに
まかせて前後に揺れます。

〈両手を上げて伸ばす〉
- ●脊柱の伸展
- ●腕上げ動作の向上

息を吐きながら、肘を伸ばして腕の重みで体幹をゆっくり伸ばします。

〈片手を上げて左右に傾ける〉
- ●上下肢の協調性の向上
- ●左右の体側の屈伸

腰から体側がじわぁ〜っと伸びるよ

片手を上げてゆっくり反対側に傾けます。

〈肘を曲げてボールを押す〉
- ●肩甲骨の動きを引き出す
- ●胸を開く

肩甲骨が動く感じを体験しよう

肘を曲げてゆっくり胸を開きます。

屈曲・伸展を促す

2 仰向け　小さなFBを使って❶

 ・全身のリラックス
・体幹の回旋
・左右の筋緊張を整える

〈腰を左右にひねる〉
●腰・体幹のリラックス
●左右の筋緊張を整える

右

《 基本の姿勢 》

かかとの下にFBを入れます。

腰痛の予防にも効果があるよ　↓ ↑

↓ ↑

〈左右に動かす〉

〈骨盤の下にFBを入れる〉
●真ん中で安定して呼吸を整える
●左右への体重移動や骨盤での
　体重支持

左

下肢を伸ばした状態で、左右に
ゆっくり動かします。

*骨盤がじわーっと広がる
感覚が味わえるよ*

腰の下にFBを入れます。
膝を立てた状態から、左右に膝
を倒し腰を回旋します。

＊1　内転筋：骨盤から大腿骨（太ももの骨）の内側についている筋肉です。骨盤と太ももにある大腿骨とをつなぎ、主に太もも
を内側に引きつける内転動作を担います。

〈片方の下肢をもち上げる〉
- 左右の下肢・体幹の協調性

膝を伸ばして下肢をもち上げます。

腹筋のトレーニングにもなるよ

〈膝を立てFBを挟む〉
- 内転筋[*1]、臀筋[*2]の働きの向上

両膝で軽くFBを挟み、FBを強く押したりゆるめたりします。

〈FBを足で挟み持ち上げる〉
- 体幹の働きの向上
- 上下肢・体幹の協調性の向上

両足で軽くFBを挟み、膝を伸ばしFBを持ち上げます。

〈FBを足で挟み左右に体幹を回旋する〉

右

↓ ↑

↓ ↑

左

膝を曲げ両足でFBを軽く挟んだ状態で、左右に腰を回旋します。
両手を添えることで、より体幹のトレーニングと手足協調動作の学習になります。

〈背中の下にFBを入れる〉
- 脊柱を伸ばす
- 胸を開く

続けて❷にトライ！

*2 臀筋：お尻にある単一筋としては最大の大きさ。主にハムストリングス（太もも裏の筋肉）と連動し、股関節の伸展に貢献しています。歩く・走るなどの日常動作のほぼすべてと、正しい姿勢の維持にも大きく貢献しています。

3 仰向け　小さな FB を使って❷

ねらい
- ・全身のリラックス
- ・体幹の安定
- ・体幹の回旋
- ・左右の筋緊張を整える

〈両足で FB を踏み、骨盤の下に FB を入れる〉
- ●仰向けバランスの向上
- ●体幹の安定
- ●下肢の支持性の向上

両足でFBを踏み、腰をもち上げ、骨盤の下にFBを入れます。

お腹とお尻に力を入れ、腰をもち上げて体幹を安定させます。

〈両手で FB を持ち頭上に運ぶ〉
- ●肩甲骨の動きの向上
- ●体幹・肩・上肢の協調性の向上

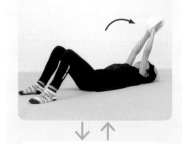

胸の上で肘を伸ばし、両手でFBを軽く挟んで頭上に運びます。

〈肩を水平に回す〉

左

↓ ↑

↓ ↑

右

腰を支点にして、FBを持った
腕を左右にゆっくり傾けます。

体幹が大きくひねられて
気持ちがいいよ

FBの紹介

様々なファシリテーションボール

　FBは7種類。100%空気を入れた時の直径
が15cm、45cm、55cm、65cm、75cm、85cm、
95cmで、カラフルに色分けされたボールを使
用しています。

15cm

65cm

75cm

85cm

95cm

FBはFBM研究会ホームページで紹介しています。
http://www.angel.zaq.jp/fbm/fbinfor.html

　1人でチャレンジ

4 仰向け 大きな FB を使って

ねらい
・姿勢変換の学習
・仰向け姿勢でのバランスの向上

〈手を上下に動かす〉
●体幹の伸展

座位から仰向けに姿勢変換し、腰から頭まで、床と平行になるように乗ります。

↓ ↑

〈 基本の姿勢 〉
FBにもたれてリラックスします。

足底で体重を支え、体幹を安定させた状態で、左右にゆっくり動かします。

肘を伸ばし胸の真上に腕をもっていきます。

↓ ↑

〈手を左右に動かして体幹を回旋する〉

●バランス反応
●体幹・上下肢の協調動作

↓ ↑

肘を伸ばした
状態で、体幹
を左右にひね
ります。

足底を床につ
け体幹を安定
させます。
肘を伸ばして、
腕を真上にもっ
ていきます。

↓ ↑

↓ ↑

〈片足を上げてキープ〉

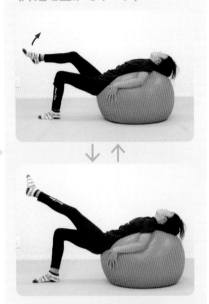

↓ ↑

左右の足を片方ずつ上げます。

難しいことにもチャレンジ

5 仰向け　たくさんの FB を使って

ねらい
- 全身のリラクセーション
- バランスの向上
- 協調動作の向上

〈 基本の姿勢 〉

2つのボールに乗ります。

2つの FB をつけて隙間をつくらないようにして乗ると安定するよ

足を肩幅ぐらいに広げて足底を床につけます。
FBの真ん中にもたれて、姿勢が安定するところを見つけます。

〈前後に揺らす〉

頭からお尻の方向に動かします。

↓ ↑

お尻から頭の方向に動かします。

〈両手を左右に回旋する〉

1つの FB の時よりも下半身が安定し体幹がよく回旋するよ

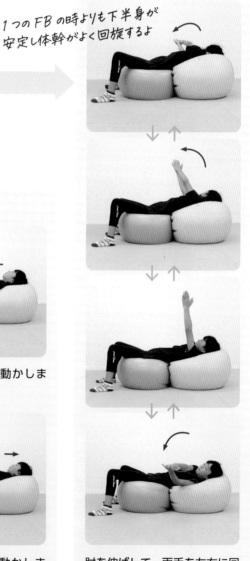

↓ ↑

↓ ↑

↓ ↑

肘を伸ばして、両手を左右に回旋します。

〈3つのFBに乗る〉

ゆったりリラックス
リラックス効果バツグン

FBで骨盤を両側から支えているので、姿勢が安定しやすいです。

●体幹のトレーニング

膝を伸ばして片足をしっかり上げます。

上手になったらFB2つの
上で足を上げてみよう

〈4つのFBに乗る〉

ゆったり乗ってリラックスします。

↓ ↑

両足を上げてバランスを取ります。

↓ ↑

いろいろ楽しく遊んでみましょう。

〈5つのFBに乗る〉

ちょっと贅沢に5つ並べます。

両足を上げてリラックスします。

呼吸が深くなり
ゆったリリラックスできるよ

ふわふわボールに
身体をまかせて最高の気分!!

6　うつ伏せ

ねらい
・全身のリラックス　　・体幹の安定
・上下肢の協調性の向上　・バランスの向上

〈片腕を上げ前方に伸ばす〉

足から指先までピンと伸ばします。

〈基本の姿勢〉

足を床につけて乗ります。

お腹の力を抜いてボールに
だらっ〜ともたれかかろう

四つ這いになってリラックスします。股関節を開いて、体幹が水平になるようにすると姿勢が安定します。

↓ ↑

〈前進する〉

体幹に軽く力を入れ背中を真っ直ぐにします。

胸を張るとかっこいいよ

肘を伸ばして上体を支え、少しずつ前へ進みます。
FBを転がすようにすると楽に前進できます。

〈両手を上げる〉

腕を立て胸を張ります。お腹でFBを押しながら両肘を伸ばすと胸が広がります。

〈母趾球で床を踏む〉

足指を背屈して、母趾球※で床を踏む動作を、ていねいに繰り返します。

両手を上げます。体幹に力を入れ両手を広げ飛行機のポーズ。

※母趾球：足の裏の親指の付け根にあるふくらんだ部分。

〈バタ足をする〉

股関節をFBに乗せると足を
交互に動かしやすいよ

膝を伸ばしたまま、バタ足をします。

〈片手・両足を上げる〉

片手と両足を一緒に上げます。

〈 基本の姿勢 〉

足を床から離して乗ります。

目標をもって、数を数えながら
無理のない範囲で続けよう

股関節をFBに乗せ両肘を立て、
身体を安定させます。

〈お尻を蹴る〉

膝を曲げ、片足で交互にお尻を
蹴ります。
リズムよく交互に膝を曲げ、お
尻を蹴ってみましょう。

〈両手・両足を上げる〉

上級のバランス体験!

慣れてきたら、両手・両足を一
緒に床から離します。

＊顔やあごを床に打ち付けケガをし
ないように、十分慣れてから行いま
しょう。

子どもができそうな姿勢や動きから始めて、無理なく進めていこう。
子どもからの自発的な動きを大切に楽しくチャレンジ！

7 うつ伏せ バリエーション

（ねらい）
・バランスの向上
・協調動作の向上

〈両手をたたく〉

〈両足を上げる〉

肘の力をスッと抜いて肘を曲げると、上体、頭の位置が低くなります。

〈 基本の姿勢 〉

肘を伸ばして身体を
安定させます。

腕立て伏せの姿勢をつくってから前に進み、足を浮かせます。

FB上で体幹が安定したら、手足を床から離して両手をたたいてみましょう。いい音がしたら大成功！

タイミングを合わせて、肘を曲げ足を高く上げます。

少しずつ身体の動きが
慣れるまで無理はしないで！

頭が低くなると、お尻、足が、それに伴って高く上がってきます。繰り返しの中で、どんどん足の位置が高くなっていきます。

大切にしているポイント

音楽の活用

　FBMでは、音楽を有効に活用しています。

　音楽をかけたリラックスできる心地良い環境で、子どもたちとの楽しい関わりや動きづくりに役立てるようにしています。

　子どもと一緒にFBに乗って、お気に入りの音楽をかけて、曲調に合わせてリズミカルに、そして、ゆったりと揺れを楽しみましょう！

◉ スローテンポの曲

FBに身体をゆだねやすく、より心身のリラクセーションが促され、呼吸も深く安定してきます。優しく柔らかく包み込まれる安心感を得ることができ、心の安定にもつながります。

◉ アップテンポの曲

リズムに合わせて音楽を身体で感じて、自由に楽しく動くことができます。身体の目覚めにも気分を活性化するのにも役立ちます。

　1人でFBMを行う時には、自分の目的に合わせて曲を選び、リラクセーションやストレッチ、バランス運動、筋力トレーニング等に取り組みます。自由に曲のイメージをふくらませ、心のびやかにFBMの時間を満喫しましょう。

　グループでFBMをする時にも、目的に合わせて曲を選んで、スローテンポの曲とアップテンポの曲を組み合わせて、仲間と一緒にからだほぐしや姿勢、動きづくりにチャレンジして、リズム遊びを楽しみましょう。

8 姿勢を変換 仰向け-うつ伏せ-横座り

ねらい
- 体幹、上下肢の協調動作の向上
- バランス反応の向上

〈 基本の姿勢 〉

仰向けにFBに乗ります。

仰向けからうつ伏せになります。

うつ伏せへ

腰からゆっくり回旋します。

〈仰向け ⇄ うつ伏せ〉

1人でできるかな？
急いで回転すると転んでしまい
ます。FBの真ん中に乗る感覚
をゆっくりと練習しましょう。

〈うつ伏せ→仰向け〉

うつ伏せにFBに乗ります。う
つ伏せから仰向けになります。

仰向けへ

常にFBの中心に、自分の体重があ
るようにします。
腰が回り始めると、上半身もつい
てきます。

1人でできるかな？

お尻が床につくと、膝がそろい横座りになります。

座位 ⇄ 横座り

〈横座り→うつ伏せ〉

横座りからうつ伏せへ体幹を回旋します。
FBを床の方向へ両腕で押すと上体が真っ直ぐに立ちます。

〈座位 ⇄ 横座り ⇄ うつ伏せ〉

急いで回転すると転んでしまいます。FBの真ん中に乗る感覚をゆっくりと練習しましょう。

横座り ⇄ うつ伏せ

〈うつ伏せ→横座り〉

うつ伏せから横座りへ腰を回旋します。

 大切にしているポイント

数を数えよう❶

○ 数を数えるとこんないいことがあるよ！

- 数を一緒に数えることで、お互いの動作に注意・関心が向くようになるとともに、数を意識して協力して動作ができるようになります。

- はじまりとおわりの意識ができるようになります。「○○まで数えるとおわり！」と見通しがもてるようになります。

- 「止まる」ことの学習につながります。
①はじめは「ストップ」と声をかけて止まる練習を繰り返します。②次に「○○まで数えたら止まるよ」と伝えて一緒に数唱し、○○まで数えたら止まる練習をします。③最後は、数唱だけで止まる練習をします。このようにステップを踏むと、数の意識を高め、止まる（静止）動作の学習につながります。

9　腰かけ座位①

 ・身体の中心の学習

〈腰を左右に動かす〉

腰を左右に少し動かします。

↓　↑

骨盤を立て座骨で座ります。
頭はいつも真ん中にくるように
します。
身体の重心位置とFBの重心位
置を一直線上に重ねると安定し
て座れます。

↓　↑

〈腰を前後に動かす〉

前方に行く時に背中を伸ばします。

↓　↑

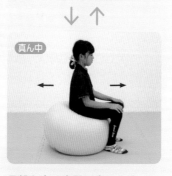

骨盤を立て座骨で座ります。
頭はいつも真ん中にくるように
します。
腰を前後に動かします。

↓　↑

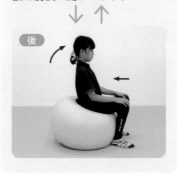

〈繰り返しジャンプする〉

骨盤を立てお尻でFBを押すと
FBが反発して上体を押し上げ
てくれます。

〈中腰で姿勢をキープする〉

下肢に力を入れてFBからお尻
を浮かせ、中腰で止まります。

鏡、スマホやiPadなどで撮影している自分の
動きや姿勢を見ながら、いろんな動きを楽しもう

右から左へ真ん中から右へ、腰を回します。

頭を真ん中に保ちながら、ゆっくり回します。

右回り

〈 基本の姿勢 〉

FBに腰かけ姿勢で座り
腰を回転します。

骨盤を立て座骨で座ります。
頭はいつも真ん中にくるようにします。

頭を真ん中に保ちながらゆっくり腰を回します。

左回り

左から右へ、右から左へ、腰をゆっくり回します。

10　腰かけ座位②

ねらい
- 腰かけ座位でのバランスの向上
- 体幹のコントロール
- 上下肢、体幹の協調動作の向上

〈体側をストレッチする〉

↓ ↑

手を上げて、左右傾けて体側を
伸ばします。
右手と左手は反対方向に動かし
ます。

↓ ↑

下方の手を肩から指先の方向へ
伸ばすと、腕を上げた方の体側
が伸びます。

〈体側をストレッチする〉

上体を倒して、片方の手をつきます。肘を伸ばして上体を傾けま
す。腰から指先まで大きく伸ばします。

〈 基本の姿勢 〉脊柱の伸展

- 骨盤を立ててFBの
　中心に座る
- あごを引いて脊柱を伸ばす
- 骨盤ー脊柱ー首ー頭を
　一直線上にする

FBに座り、両手を上げて背伸
びをします。

〈両手を開いてジャンプする〉

両手を広げてジャンプを繰り返します。

ジャンプした時に腰が伸び上がり
フワッと浮くような感覚が味わえるよ

〈FB を小さくたたく〉

FBの中心に座り、
上下に軽く揺れをつくろう

肘の力を抜いて軽く揺れの
リズムに合わせながら、
交互にFBをたたいてみよう

FBを身体の前でたたきます。でき
たら身体の横や後ろでもたたいて
みましょう。

〈FB を大きくたたく〉

肘を伸ばし腕を大きく振り
上げた時、体幹がしっかり伸び、
身体が安定するよ！
その時、片方の手でFBを
たたいてみよう

体幹、肩、手を
協調して動かそう

左右の手を高く上げて交互にFBを
たたきます。

〈身体をひねりながらたたく〉

腰の上下の揺れに合わせ
ながら体幹を回旋させ、
前後に腕を交互に
入れ替えよう

顔はつねに正面を見てね

手を前後に入れ替え、身体をひね
りながら、片手で前をもう一方の
手で後ろを同時にたたきます。

〈ゆっくり深呼吸〉

両手を大きく開いて
胸を大きく開き
空気をたくさん吸い込もう

息を吐きながら、手をゆっくり下ろ
します。

11　四つ這い、膝立ち、立位

ねらい
- バランスの向上
- 上下肢、体幹の協調動作
- 体重移動
- 上下肢、体幹の支持性

〈四つ這い〉

両膝と手の下に小さいFBを入れて、四つ這い姿勢を保ちます。

〈四つ這いで手を上げる〉

片手を前に上げます。

片手を横に上げます。

〈膝立ち〉

両膝の下にFBを1つずつ入れて、膝立ち姿勢でバランスをとります。

〈 基本の姿勢 〉

FBをかかとで踏んで立ちます。

〈上下の体重移動をする〉
● 母趾球とかかとでの支持性・協調動作

かかとでFBを踏んで上下に体重を移動します。

〈前後の重心移動をする〉

かかとでFBを踏んで前後に重心を移動します。
前に重心移動。

後ろに重心移動。

1　座位

ねらい
- 体幹のリラクセーション
- お互いのやりとりを楽しむ
- 座位バランスの向上
- 相手を思いやる心を育てる

〈背中でゆっくり押したり引いたり〉

相手の動きを感じながら、FBを背中でゆっくり押し合います。

〈左右に傾ける〉

一緒の方向に傾けます。

〈 基本の姿勢 〉
背中合わせに座ります。

背中でコミュニケーション

2人が、真ん中でゆったりと安定できる所を探して座ります。
座りかたは、三角座り、あぐら座り、長座でもOK。

一緒に逆方向に傾けます。

ゆったりと前後に身体を傾け合います。

〈左右の体側の伸展〉

片手を伸ばして、その手と反対側に上体を傾けます。

〈脊柱の伸展〉

手をつないだまま、前後に上半身を交互に傾け合います。

〈 基本の姿勢 〉
背中合わせに座ります。

両手を上げて手をつなぎます。

相手のことを気遣いながら、
ゆっくりと無理なく、
繰り返そう

背中の伸展が促されて
気持ちいいよ

2人で一緒に同じ方向に上体を傾け合います。

バリエーション

横座りの姿勢で、左右に上半身を傾け合います。

慣れてくると
押し合い遊びも面白いよ

2 うつ伏せ

ねらい
- 体幹の支持性の向上
- 上下肢の協調動作の向上
- バランス反応の向上
- 相手を思いやる心を育てる

〈四つ這い姿勢で〉

四つ這い姿勢になって、2人で向かい合います。

↓ ↑

軽く前後に押し合ったり、左右に揺らしたりして楽しもう

両手を伸ばして、手のひらを合わせます。

〈腕立て伏せ姿勢で〉

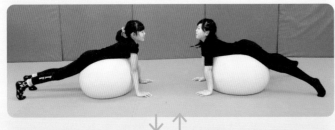

腕立て伏せ姿勢で向かい合います。

↓ ↑

「引っ張りっこ」でバランス遊びも楽しいよ

交互に握手をし合います。

〈両手をつないで〉

お互いの気持ちを合わせて、
協力し合うとうまくできるよ

左右に身体を傾け合います。

↓ ↑

両腕を伸ばして、手を握り合います。

↓ ↑

バリエーション

手前に引き支えながら、
前後・左右のバランス遊びを
楽しもう
ゆっくり、ゆっくりでいいからね

1人が腰かけ姿勢で座り、腹ばい姿勢になった子の両手をもち、支えます。

3　腰かけ座位

　・体幹の安定　　・座位バランスの向上
　　　　　・下肢での体重支持　・2人での協調動作の向上

〈背中合わせで交互に前後へ〉　　　　　　　　　　〈背中合わせで交互に上下へ〉

最初は、ゆっくり
慣れてきたら早くしていこう
お互いのリズムを合わせると
スムーズにできるよ

↓ ↑

1つのFBの上に背中を合わせて、腰か
け姿勢で座ります。
お互いの背中を感じ合いながら、姿勢
よく安定できる位置を探します。

↓ ↑

1つのFBの上に背中を合わせて、腰か
け姿勢で座ります。
両手をFBの上に置くと姿勢が安定し
ます。

↓ ↑

相手の背中の温もりや、
動き方、緊張を
感じてみよう

2人で協力しながら交互に、上体を前
後に傾け合います。

↓ ↑

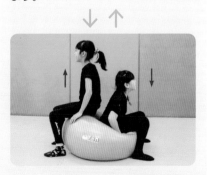

交互に上下運動をして、腰かけ姿勢と
中腰姿勢を繰り返します。

〈体幹を伸ばし合う〉

前後に上体を傾けて体幹を伸ばし
たり曲げたりします。

〈足をもち上げる〉

片足にしっかり体重をかけて、相手
と反対の足をゆっくりもち上げます。

〈 基本の姿勢 〉

背中合わせに座ります。

骨盤を立てて、背中が十
分に伸びて姿勢が安定し
てからチャレンジします。

膝を真っ直ぐに伸ばします。

少しずつできるようになったら、
足をもち上げる時間を
伸ばしていこう

背中をぐーっと伸ばします。

〈向かい合って座り
手を合わせて前後へ〉

お互いの動きを感じ合いなが
ら、腕の曲げ伸ばしをします。

↓ ↑

向かい合ってFBに腰かけて座
り、両手を合わせます。

↓ ↑

慣れてきたら、軽く押し合いを
したり、引き合いをしたりして
楽しみましょう。

〈手を握り合って体幹の
回旋〉

左右の腕を交互に曲げ伸ばしし
て、体幹を回旋します。

↓ ↑

向かい合ってFBに腰かけて座
り、両手を握ります。

↓ ↑

身体の軸の安定と左右の
協調した動きができるように
なりますよ

〈肩をもち合って体幹の
回旋〉

お互いの肩をもち、顔を左に向
けます。慣れてきたら、体幹の回
旋の動きも入れてみましょう。

↓ ↑

向かい合ってFBに腰かけて座
り、両腕を組みます。

↓ ↑

お互いの肩をもち、顔を右に向
けます。

相手の肩や身体の動きを
感じよう

〈同じ方向を向いて前後へ〉

お互いに協力して、重心を後方移動します。

同じ方向を向いてFBに座り、後ろの人が、前の人の肩に手を置きます。

お互いに協力して、重心を前方移動します。

〈同じ方向を向いて座り手足を広げバランス練習〉

後ろの人が、前の人の腰を安定させてあげます。前の人は安定したら両手両足を広げます。

慣れてきたら、一緒に両手を広げ、両足を上げてみましょう。

〈向かい合って座り手をつなぎ交互に足上げ〉

向かい合ってFBに座ったら、両手をつなぎます。

1人が支えて、もう1人が相手のFBの上に足を乗せます。

バリエーション　向かい合ってバランス競争

どちらが長い時間足を上げていられるか競い合うと楽しいですよ。

いろんな動きに、チャレンジしよう！

4 立位

 ・立位バランスの向上　　・協調動作の向上
・一緒に活動する楽しさ　　・気づき合い

〈FBを挟んで立つ〉

向かい合って立ち、FBを落とさないように2人で挟みます。

背中合わせに立ち、FBを落とさないように2人で挟みます。

2人の協力が大事!

〈向かい合って前後に押し合う〉

後ろに傾いた時、つま先が上がるといいですね。

↓ ↑　*相手の動きを感じながら行おう*

FBを挟んだ状態で、前後にゆっくり押し合います。

↓ ↑

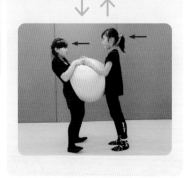

〈手をつないで背中で前後に押し合う〉

FBを挟んだ状態で、前後にゆっくり押し合います。

↓ ↑

FBを背中で挟んだ状態で、手をつなぎます。

↓ ↑

〈手を離して背中で前後に押し合う〉

交互にゆっくりと前後にもたれ
合います。

↓ ↑

背中でFBを挟んで落とさない
ようにします。

↓ ↑

〈膝で押し合う〉

交互に膝でFBを押し合います。
押された方は、膝が伸び背筋が
伸びます。

↓ ↑

向かい合って、膝でFBを挟ん
で立ちます。顔を見合わせ、腕
を組みます。

↓ ↑

膝のコントロールと
下肢の支持性が向上するよ

5　歩いてみよう

ねらい
- 歩行の安定
- 協調動作の向上
- 協力し合う気持ち
- 一緒に活動する楽しさ

〈前後歩き〉

2人でFBを背中で挟み合いながら、前後にゆっくり歩きます。

〈横歩き〉

2人で向かい合ってFBを挟んで持ち、ゆっくり横歩きをします。

大切にしているポイント

数を数えよう❷

◯ **決めた数を超えて動作する子どもがいても大丈夫！**

　「すごいなぁ！　みんなよりたくさんできているよ！」などと、周りの子どもたちにも伝えながら、本人が自分の行為に気づけるような声かけをしましょう。

　子どもたちと相談しながら数を決めるのもいいですね。自分たちで決めたことだから、最後まで頑張れます。

２人の気持ちを合わせると
上手にできるようになるよ

慣れてきたら、少しずつ早く
チャレンジしてみよう

　仲間と一緒に大きな声で数を数えてみましょう！　みんなで最後まで頑張る力がわいてきます。

◉ **動きを止められない子どもには、手を添えて！**

　手を添えて一緒に動きを合わせながら、タイミングを計って止まる練習を繰り返します。できると信じて働きかけましょう。

グループ指導に際して

　グループで行う時、最初は、指導者が前に出て対面で行うといいでしょう。子どもたちにとっては、どこを見たらいいのかわかりやすくなります。また、指導者の動きの指示や注意点なども伝わりやすくなります。

　慣れてきたら、みんなの顔が見えるように、大きな円をつくります。そして、リーダーを決めます。リーダーはどんな活動をするか決めて、リードします。

　リーダーを順番制にして、1つの活動ごとに変わっていくようにしてみましょう。子どもたちは次は誰を見たらいいのか意識できるようになります。また、自分の番がきたらどんな活動をしようかと身体の使い方に意識を向け思案します。円になるとお互いの動きがよくわかり、自分の動きと友達の動きを意識し始めます。そして、自分の番がくると、自分にスポットが当たります。みんなが注目する中、パフォーマンスを披露するとみんなが自分の動きを模倣し始めます。たくさんの言葉はいりません。ここでは、コミュニケーションの力が養われます。伝える側と伝えられる側がお互いにわかり合おうと努め、わかったことを身体で表現し確認し合うのです。

　子どもたちの豊かな発想力で繰り広げられる活動と仲間と一緒に活動し「からだ（心＋身体）」と「からだ（心＋身体）」で共感し合う心地良さを楽しんでください。

1　重心移動

　ポイント

・回数をみんなで決めましょう。
・決めたらみんなで最後まで続けられるように取り組みましょう。

〈左右に移動〉

右に重心移動。

↓　↑

FBの重心位置と自分の重心位置を合わせて座ります。

↓　↑

左に重心移動。

〈前後に移動〉

前に重心移動。

↓　↑

FBの重心位置と自分の重心位置を合わせて座ります。

↓　↑

後ろに重心移動。あごを引き、つま先を上げます。

〈中間位を保持〉

最初は1〜2秒。時間を徐々に長くしていきます。みんなで数を数えて中間位をキープしましょう。

2　リズムに合わせて❶

ポイント
・リズムや歌に合わせて、みんなで楽しく身体を動かしましょう。
・うまくできる、できないではなく、自分が楽しめて笑顔が出れば最高！

〈頭を触る〉

指導者の動きをよく見て、
動きについていこう

手をたたいて、頭を触ります。

〈正面で手をたたく〉

FBに座ります。

〈膝を触る〉

手をたたいて、膝を触ります。

1つひとつの動きを単発でしても、いろいろな動きを
組み合わせても OK
顔や口、足首など身体のいろんなところを触って
楽しもう

動きのスピードやテンポを変えても OK
はじめはゆっくりしやすいスピードから始めよう！

〈肩を触る〉

手をたたいて、肩を触ります。

3　リズムに合わせて❷

ポイント

- ・最初はゆっくりリズムを感じて！　慣れてきたら早く。音の強弱もつけてみましょう！
- ・友達とリズムを合わせて。音が合ってくると、もっと楽しくなります。
- ・腕の動きに合わせながら軽く上下に跳ねながらたたきます。

〈身体の前でたたく〉　前方に手を出して交互にトントンと太鼓をたたくように

左手を前に出し右手でFBをたたきます。

↓ ↑

両手でFBをたたきます。

↓ ↑　徐々に動作を大きくして、体幹を伸ばそう

右手を前に出し左手でFBをたたきます。

〈身体の横でたたく〉

両手を大きく開いて腰から伸び上がってたたきます。

↓ ↑

FBの横をたたきます。

音を出す活動は、みんな大好き。
最初は、音がそろいませんが、続けるうちに
音が自然とそろい始めます。その心地良さに
子どもたちの動きは伸びやかになっていきます。
友達との共演を楽しみましょう！

〈身体の後ろでたたく〉

背中をピンと伸ばして胸を張ります。

↓ ↑

FBの後ろをたたきます。

〈身体を回旋してたたく〉

↓ ↑

↓ ↑

みんなでリズムに合わせて！

身体をひねって前後に手を出して同時にたたきます。

4　スポーツの動き　水泳

ポイント
・最初はみんなで動きを合わせてゆっくりウォーミングアップ。
・みんなの泳ぎがそろってきたら、ゴール（時間）を決めて早く泳ぎます。

〈クロール〉

大きく伸びやかに
楽しく泳ぐ動作
練習にトライ

両足を開いて
真ん中での姿勢を
安定させましょう。

〈平泳ぎ〉

バランスをとりながら
腰－体幹－首－頭、
肩－肘－手首の全身の
協調した動きに
広げていけるといいですね。

大きく伸びやかに
泳ぐ動作を楽しもう

〈バタ足〉

犬かき、バタフライ、
背泳ぎなどにも
チャレンジしよう

5　スポーツの動き　ボクシング

ポイント

・最初は、肩、肘、手首を意識して動かす練習から、徐々にスピードを早くしましょう。

〈ファイティングポーズ〉

両手をあごの位置に構え、両脇を絞めてガードします。

〈ストレート〉

腕を真っ直ぐに突き出してストレート。

慣れてきたら、ジャブ→ストレート→ワンツウ、アッパーパンチ、ジャブ、ワンツウ（左右交互に）など様々なパターンを練習しよう！

大切にしているポイント

グループで楽しもう

　障がいのある子どもたちの中には、人とのコミュニケーションの取り方に課題があることが多く見受けられます。FBMではグループで一緒に楽しめる活動を展開し、コミュニケーションの改善を図ることもねらいに取り組んでいます。

　1人から2人とステップアップしていく中で身につけたスキルを活かして、グループでのFBMにチャレンジします。

　グループでのFBMを継続することで、子どもたちが周りの友達の動きを見て、自分の動きに気づけるようになっていきます。さらに、動きの模倣ができ、仲間と動きを合わせることができるようになっていきます。

6 うつ伏せ❶

ポイント
・FBをお腹で押すようにして骨盤－背柱－首－頭の順に伸ばしていくと、無理なくスムーズに姿勢がとれます。
・肩の真下に手首がくるように床に手をつけて肘を伸ばすと、体幹が安定します。

〈呼吸を整え
リラックス〉

うつ伏せでFBに乗って、力を抜きリラックスします。

肘を伸ばし、腰、お腹でFBを押しながら体幹を伸ばし頭をあげます。
母指球を床につけて支えます。

〈片手で支持し、
片手を伸展〉

片手で身体を支えながら、他方の手を前方に伸ばします。

左右を入れ替える動作にもトライしてみましょう。

7　うつ伏せ❷

 ポイント

・身体が安定して、腕や足を伸ばすことができたタイミングで、数を数えてみましょう。数えている間、姿勢を保ちましょう。
・うつ伏せで両手や両足を伸ばす姿勢にチャレンジします。

〈身体の軸の回旋〉

腕立て姿勢から体幹を回旋し、天井に向けて腕を上げます。

左右の腕を入れ替えます。手足をピンと伸ばし、顔を天井に向けます。

〈バタ足・尻打ち〉

姿勢を保ち、バタ足や尻打ちの練習をします。

〈腕立て伏せ〉

腕立て伏せの姿勢で身体を支えます。

〈シャチホコ〉

腕で上体を支え、シャチホコのように両足を高く上げます。

8　つながって　前後・左右

ポイント

・FB が密着していると安定感が増します。また、密着していることで、友達の動きが FB を通して伝わってきます。

〈前後〉

前

前の人の肩に手を置き、相手の動きに合わせて前に身体を倒します。

↓ ↑

真ん中

↓ ↑

後

後ろに身体を倒します。

最初は、無理をせずゆっくりと倒れないように
子どもの姿勢や FB の位置などに
注意しながら進めよう

〈左右〉

右

右に身体を倒します。

↓ ↑

真ん中

↓ ↑

左

左に身体を倒します。

みんなで声を出し合うと動きがそろってくるよ

9　つながって　ウェーブ

ポイント

・腰かけ姿勢が安定したら始めましょう。
・相手の動きを感じタイミングをはかっていくと徐々に波が整ってきます。

みんなでFBに座り一直線に並びます。

全員が安定して座れたら、前から順番に上半身を上下に動かしウェーブをつくっていきます。

最初はうまくいかなくても、相手の動きを感じタイミングをはかっていくと徐々に波が整ってきます。

FBのつくってくれる波を楽しもう

10 つながって 足上げ・仰向け

ポイント

・FB が密着していると安定感が増します。また、密着していることで、友達の動きが FB を通して伝わってきます。

〈足を上げる〉

右足を上げます。

FBに座り前の人の肩に手を置きます。

左足を上げます。

〈仰向け〉

両足を上げます。

仰向けでリラックス。

みんなでリラックスタイムを
楽しもう

11　輪になって　手をつないで

ポイント
・お互いの動きを感じ合い、支え合いながら楽しくチャレンジ！
・すてきな笑顔の届け合いをしましょう。

〈 基本の姿勢 〉

輪になって
手をつなぎ
ます。

↓↑

足の幅を少し広くとると
安定感が増すよ

手をつない
だままで両
手を上げま
す。

→

手をつないだまま、お尻を同じ方向に回します。

↓↑

上体を反ら
せ腕を開き
ます。

12　輪になって　ボールまわし

ポイント

・ボールを渡すタイミングが大事です。相手の動きをよく見て感じましょう。
・慣れてきたら、ボールの数を増やすと楽しさが増します。

〈胸の前で〉

隣の人にFBを回します。

↓　↑

右へ左へ方向を変えながら。

〈頭の上で〉

両手を上げて隣の人にFBを回します。

↓　↑

右へ左へ方向を変えながら。

いろいろとボールの回し方や渡し方を工夫したり、
リズムを変えたりして、動きを楽しく広げていこう

＊バランスを崩して倒れないように見守り、声かけやサポートをていねいにしましょう。

13　輪になって　バリエーション

⬤ ポイント　・みんなで協力し合って、いろいろな姿勢や動きにチャレンジしましょう。

〈片足上げ→両足上げへ〉

輪になって輪の中心方向に片足・両足を上げます。まずは片足から。慣れてきたら両足上げにチャレンジしましょう。

〈FBに足を乗せてのバランス〉

輪の中心に置いたFBに両足を乗せて協力し合って座ります。

〈腕立て姿勢から体幹の回旋〉

輪になって腕立て姿勢をした後に、体幹を回旋して足を伸ばし指先を見つめます。

〈みんなでシャチホコ〉

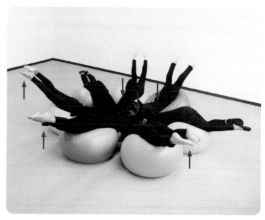

うつ伏せ姿勢で両手をつき身体を支え、両足を高く上げたり、下げたりすることにもチャレンジしましょう。

Part 3

FBMの位置づけ

発達障がい児への
FBMの有効性と可能性

関西国際大学教授　中尾繁樹

1　最近の子どもたちの様子

　子どもたちの多くに、「ボールの投げ方がぎこちない」「姿勢がすぐに崩れてしまう」「すぐに転んでけがをする」など、基礎体力や運動・姿勢維持の力の弱さを感じることがよくあります。また、先生からも「休み時間からの切り替えができにくい」とか「人の話が最後まで聞けずすぐ騒ぎ出す」など、学習規律に関する相談も多く寄せられるようになってきました。特に幼稚園や小学校低学年では、話を聞くための姿勢保持が難しい様子や、鉛筆をうまく握れずに力の加減ができにくい様子、階段では手すりを使い、靴はしゃがみ込んで履くといった、身体や運動発達の未熟さを感じる状態を多く目にするようにもなりました。なんでもないところで転んだり、けがをしたりすることが増え、手をつけないために顔をけがするケースが多くなっています。全般的な体力の低下も含めて、なぜこういったことが起きるのかを考え、これらの中で特徴的な行動を取り上げ、その背景になっている脳内の問題を考えていきたいと思います。

2　発達障がい児や最近の子どもによく見られる感覚運動機能の問題

⑴感覚統合とは

　子どもは成長とともに環境の中で自分の身体を自由に動かすことができるようになり、身体が環境を操作し、生活空間を広げていきます。子どもは様々な環境と相互作用しながら学習していきます。身体の中で手を自由に操ることは、道具を用いたり新たな道具をつくり出し、そのことは知的能力と大きく関連していきます。子どもの思考過程は具体的思考から抽象的思考へと発達していきます。教科学習も同じように、具体的な思考からはじまり、学年進行とともに抽象的な思考を要求されるものへと変わっていきます。具体的な思考とは身体を通した活動が多くあります。子どもが物の大きさの比較をする時、実際に並べてみる、重ねてみる、測ってみる等の身体を使って大きさを学習していきます。この

ような具体的な体験が抽象的な教科学習の準備となるということです。その身体を使った
具体的な学習における脳内の道筋が、感覚の統合過程であるといえます。**(図1)**

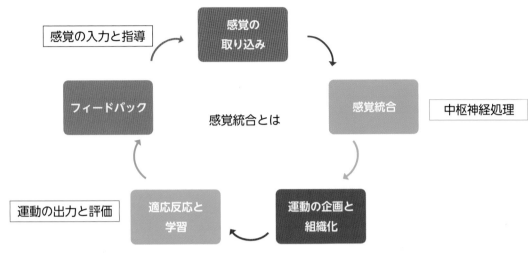

図1　感覚統合の流れ

　このように、人間の発達過程で、脳が内外からたくさんの刺激を有効に利用できるよう、
効率的に組み合わせることを「感覚統合」といいます。脳に送られてくる様々な情報を統
合する力があるから、私たちは外界の状況に対して適切に反応をすることができるのです。
感覚統合の理論を構築したエアーズ（Ayers,A.J.）は、「もし脳が感覚統合してくれなかっ
たら神経の交通渋滞で身動きできなくなる」といっています。

⑵行動の背景にある神経システムや感覚統合の問題
❶落ち着きがなく動きが激しい
　いつも動き回っているため多動とよく呼ばれる子どもの背景には、脳の一部が健常児と
比べて小さいとの報告や、神経シナプスの刺激の伝達のはたらきに関わるいくつかの遺伝
子に問題があるという報告もあります。そういった脳内の神経システムに問題が起こると、
たくさんの情報の中で適切な情報だけを取り出せない脳内の感覚統合の不十分さを考える
必要があります。しかし、周りにあまりにも刺激が多すぎたり、適切な愛着形成がなされ
なかったりする場合でも、落ち着きのなさや多動は生じやすくなるものです。そのうえで
考えられる理由を消去していっても、なお多動な状態があるとすると、脳内の感覚統合の
機能に何らかの問題が生じていると考える必要があります。

❷目が回らない、極端に怖がりパニックを起こす

　揺れるものを嫌がる、ジャングルジムのような高いところに上がるのを怖がる、鉄棒にぶら下がると手を離すことができず1人で降りられないなど、同年齢の子どもにとっては何でもないようなことを極端に怖がる子どもがいます。そういった子どもたちは前庭感覚と呼ばれる耳石器（直線と重力他）、三半規管（頭部の角運動他）を受容器とした脳内の伝達システムに問題があることがよくあります。

　前庭系からの投射路には、小脳（目、頭部、姿勢等の制御）、前庭運動核（運動時の眼球固定）、脊髄（筋緊張と姿勢調整）、視床、皮質（体性感覚入力と統合して運動知覚、方向知覚他）、網様体（覚醒水準）等に伝達するシステムがあります。目が回らなかったり、よく転んだり、人とぶつかったり等の子どもが表す症状によって、どの伝達経路の問題かを以下のような経路の予測をすることができます。

　　a）脳幹網様体に作用して、覚醒水準をコントロールします。学習を行うためには一定水準の覚醒レベルが保持されなければなりません。

　　b）姿勢を維持する筋の緊張に影響を与え、適切な姿勢・平衡・運動を維持することができます。運動を行う上での基礎的な働きをしています。

　　c）眼球運動を自動的にコントロールします。動きながら目標を捉えたり、物に沿って目を動かしたりする場合に必要です。

　　d）触感覚や固有感覚と統合し、ボディイメージ（自分の身体部位の位置と各々の関係、動きのイメージ）や方向感覚等の発達に影響を与えます。

　　e）自律神経に作用し、乗り物酔いなどの原因になります。

　前庭感覚への反応として、低反応タイプと過反応タイプが見られます。低反応の子どもは前庭感覚刺激への反応に乏しく、何時間でもトランポリンを跳び続けていたり、回転する遊具に乗せて回しても、まったく目が回らなかったり等の反応を示しやすくなります。過反応の子どもは反応が過剰になりやすく、身体が傾いたり、足が地面から離れるような不安定な遊びに強い不安感を示したり、パニックを起こしたりすることもあります。

❸触られるのを嫌がる

　触られるのを極端に嫌がる子どもがいます。単に人と人との触れ合いということだけでなく、衣服の肌触り、洗髪、爪切りや特定のものを触るのを強く拒否する場合もあります。こういう状態や不注意や衝動性、多動などの特徴が同時に見られると、感覚統合の問題があることが多いと考えられます。触感覚の敏感すぎる場合、触感覚が鈍感すぎる場合、特に痛みや寒暖、味覚、嗅覚に何らかの問題がある子どもの場合も注意しく観察する必要が

あります。触感覚への反応としては次の5つの特徴がみられます。

　a）特定の触感覚（特定の服、水、おもちゃなど）を嫌がったり、逆に触ることにこだわったりします。

　b）人から触られることを嫌がります。触られることに敏感な部位は、身体の前部（顔、胸、腹など）ですが、本人が見えない所（背部）から触られると強い抵抗感を示すことも多いようです。

　c）痛みに関しては過反応（極度に痛がる）と低反応（全く痛がらない）に分かれます。極端なケースでは骨折していたのに、全く痛がらない子どももいました。

　d）触られた身体の部位がわからないこともあります。

　e）手で触ってものを識別できない子どもがみられます。

感覚入力の反応には「原初反応」と「識別反応」があります。「原初反応」とは、生命が誕生してからの本能的な感覚機能のことをいいます。生命維持のために、触れたものが皮質下で敵と判断すれば、警戒行動や防衛・逃避行動、攻撃行動により身を守ります。このように、反射的に身を守るために本能的に働く機能が「原初反応」と呼ばれています。

　さらに人が進化の過程でつくり上げた、手を中心とする情報処理機能として獲得したのが「識別反応」です。触れたものの素材や形、大きさが判ったり、触り分けたり、自分の身体のどこに触れているかを感知したりするときに使っています。

　「識別反応」の低い状態は、「原初反応」の優位な状態を示しています。皮質下での過剰な興奮状態は皮質での識別を困難にしています。触感覚の防衛システムが優位であると脳幹網様体への賦活効果は不十分になり、多動や情緒不安定の原因になることが考えられます。

　脳の中の「識別反応」が発達すると、「原初反応」の働きは抑制され、ほとんど表に現れなくなります。しかし、発達に何らかのつまずきがあると、「識別反応」が「原初反応」をうまく抑制できなくなり、本能的な行動が残ってしまいます。この状態を触覚防衛反応と呼んでいます。

3　姿勢の維持やバランス保持の困難

(1)立位姿勢

　最近の子どもたちの中には、同じ姿勢を一定時間保持できない行動がよくみられ、その原因の1つに、体幹の筋緊張の低さ（低緊張）があげられます。また、家庭での生活様式の変化が考えられます。このような場合、学習中安定してイスに座ることが難しくなるため、授業に集中できず、学習が理解しにくくなったりもします。さらに、粗大運動に影響したり、

指の巧緻運動にも課題が出たりします。これらの背景には前庭感覚，固有感覚等の統合がうまくいっていないことが考えられます。バランス保持の困難はよく観察される課題です。身体がバランスを崩して倒れそうになっても立ち直れない（立ち直り反応の困難）様子や、つまずいて転倒しても、頭を保護するために手が出ない（保護伸展反応の困難）様子が見られることがよくあります。また、片足立ちをさせるとすぐにバランスを崩す場合は、前庭感覚・固有感覚・視覚の統合が十分でないと考えられます。

　静止した状態の「姿勢」と動きのある「動作」の両側面から子どもの実態を見極めることも大切なアセスメントにつながっていきます。

　姿勢には以下の図2のようなパターンがあります。

●後弯前弯型（猫背）

　一般的に背中が丸く見えます。頭と腹が前に突き出ているのが特徴です。猫背姿勢になる主要な原因は、日常の生活習慣にあります。例えば肩を丸めて座る習慣などです。

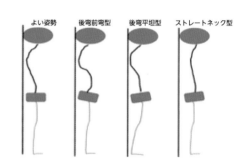

図2　よい姿勢、悪い姿勢の例

●後弯平坦型

　長時間立っているのが苦手になります。お腹周りが大きくなり、体重より太って見えることもあります。臀筋群とハムストリングスがつねに硬く張り、前屈が硬くなります。身体の反り返りが一番強い姿勢になります。反り返りの原因は腰部から下肢の硬さにあります。

●ストレートネック型

　突き出た胸と、ストレートネック[1]が特徴になります。緊張しやすく、疲れやすくなり、呼吸も浅くなります。身体への負荷は強い姿勢で、特に首から肩にかけての硬さが目立ちます。

(2)座位姿勢

　最近の子どもたちは、乳幼児期から便利な赤ちゃん用の器具が流行することによって運動経験や量が少なくなってきています。例えば、幼稚園の入園説明会にベビーカーに乗せて登園してくる親子を見かけることがよくあります。こういった歩行運動の学習不足による

─────────────
＊1 ストレートネック：正常な首の骨が「く」の字のようにカーブしているのに対し、首の骨がまっすぐになってしまった状態

て身体の軸をつくるのが遅れ、安定した運動のもとに獲得できる巧緻運動等のスキルに、不器用さが出てくることがあると考えられます。しゃがむことができない子どもたちが増えているのもその1つです。さらに、姿勢の獲得でもS字の脊柱ではなく、骨盤が後傾し、C字型の脊柱になることで、頸椎がなだらかなカーブが描けずに肩や首に負荷がかかり、下顎が突き出て歯列や舌の位置に影響が出ます。そのために口呼吸と鼻呼吸の分離ができず口が半開きの状態になり、呼吸に問題が出たり、睡眠の問題が出たりしています。

　下の写真は、姿勢の維持が難しい最近の子どもたちの座り方の特徴です。

写真1　　　　　　写真2　　　　　　写真3

　写真1は典型的なC字型脊柱で、肺を圧迫し呼吸に支障が出る姿勢です。また、目と机の位置が近く視力や認知面での問題も出る可能性があります。元気のない子どもの場合に多く見られ、外での活動をあまり好まず、友達とのやり取りもしんどく感じていることがよくあります。肩を落とし、下を向いているケースが多いので、自分に自信のない場合や気分的に落ちこんでいる場合もあります。この姿勢は立位姿勢の後弯前弯型と同じ、生活習慣だけの原因ではなく、遺伝的な要素も少なからず関わっていると考えられます。

　写真2は低緊張ゲーム型と呼び、覚醒レベルがあまり高くなく、ボーっとしている場合が多くあります。ゲームをしすぎたり、外での活動をあまり好まなかったりすることもあり、書字動作の苦手さや話の聞き落とし、タイミングのずれも時々見られます。立位姿勢のストレートネック型や日常的な生活習慣にも影響されています。

　写真3は低緊張不注意型と呼び、骨盤が後傾していて、長時間の姿勢の維持が難しい座り方です。授業に集中しにくく、ボーっとしていることがよくあります。ストレスを感じているときや気力が充実していないときによく見られます。立位姿勢の後弯平坦型と関係し、ベビーカー姿勢[2]と関係があります。いずれの姿勢も脊椎起立筋群や臀筋群とハムストリングスがつねに硬く張り、前屈が硬くなります。

＊2 ベビーカー姿勢：お尻がずり落ち股関節が開きあごが強く引けている姿勢

4 　感覚統合と不器用

(1)不器用の定義

　「不器用」とは、運動面では「動き方が鈍い、ぎこちない。運動課題の遂行が未熟である」といった場合に使用されますが、他にも認知面や対人コミュニケーションの面では「要領が悪い。気が利かない。人づきあいが下手」などの意味で使用されることがあり、幅広い意味を含んでいます。さらにどの程度から不器用といえるのかといった基準は曖昧であり、不器用かそうでないかの判断は難しいのが現状です。このように「不器用さ」についての明確な基準は定義されてはいません。身体的にも知的にも明らかな問題はないのですが、日常動作や身体運動に困難を見せる子どもたちがいることは確かです。

　これらの「不器用さ」を訴える子どもたちは、知的能力や言葉の遅れ、マヒなどの運動機能に影響を与える明確な要因がないのにもかかわらず、粗大運動のぎこちなさや、巧緻動作の問題を抱えていることが多く見られます。実際に「キャッチボールができない」「縄跳びで手と足のタイミングが合わず跳べない」といった粗大運動の問題や、「線が真っ直ぐ書けない」「消しゴムで消しているうちに紙を破いてしまう」といった巧緻動作の問題があげられています。このような「不器用さ」は発達障がい児によく見られ、作業療法の主要な治療対象の1つとなっています。

(2)不器用さの原因

　私たちが子どもたちの感覚統合上の特徴を考える時に必要な基本理論として、脳の機能があります。普通、脳は遊びを通して必要な感覚刺激を与えられ、適応反応を得て発達していきます。しかし中枢神経系に何らかの機能障がいをもつ発達障がいの子どもたちは、遊びの中で適応反応を発達させることができず、脳の機能を高めていくことができません。この感覚統合に根差したアプローチの方法は、学習を阻害している中枢神経系の機能を修正していくために様々な感覚入力のコントロールを行うことを理論としています。しかし、私たちは脳の統合機能が進んでいるかどうかを理解したいと思っても、脳の中を直接観察するわけにいかず、仮説にとどまらざるを得ません。不器用の原因となる問題として、入力段階(下位の運動中枢の問題)、調整段階(上位の運動中枢の問題)、出力段階(運動とフィードバックの問題)に分けられます。入力段階での問題として、感覚統合で述べられている脳幹賦活系、経路の交通渋滞に問題があると考えられます。また、調整段階の問題としては、企画の問題なのか、プログラミングの問題なのか、実行機能の問題なのかで、機能していない部位が推定できます。

その状態として見られるのは以下のものがあります。

①異常な姿勢反射

②異常な筋緊張（過緊張、低緊張）

③眼球運動の問題

④多動・自傷

⑤学習の遅れ

⑥情緒の問題

⑦自律神経系の問題……他

これらの主障がいを感覚運動発達のレベルで考えると以下のような特徴が指摘できます。

①重力不安

②ボディイメージの形成が不十分

③空間位置関係の未成熟

④弁別能力の異常または遅滞

⑤触覚防衛反応

⑥異常な固有覚・聴覚・視覚反応

⑦味覚・嗅覚の低反応

　これらのように感覚・運動・動作・知覚として把握される外界への反応を通して私たちは、子どもたちの脳内のサインをうかがうことができます。

　感覚統合の力は、私たちが何か新しいことを学習しようとする時、そのやり方を工夫するのにも役立っています。目的的な活動は、よい感覚統合の上に成り立つ大切な能力です。目的的な活動のために何をなすべきか考え、そのための計画を立て、それを実行する一連の行為を運動企画（motor plan）と呼びます。過去の経験とその経験に伴って働く感覚について覚えていることを利用して、私たちは次の新しい計画を立てることができます。この運動企画が適切に身に備わってこそ、行動をうまく組み合わせて全く新しい行動をこなすことができるようになるのです。通常、感覚統合は子どもの遊びや生活の中で完成されていきますが、感覚入力に対して適応反応する力も、運動企画の能力も、子どもの発達の結果として自然に獲得していきます。しかし、最近の子どもたちの中には、この感覚の統合がうまくいかない場合もあり、学習・発達・行動などに不都合な問題が発生してくる場合もあります。エアーズ（1979）は、就学時点で要求される読み書きや数の概念等の学習能力、および集団生活、コミュニケーション、自尊感情、巧緻動作は、それ以前の感覚統合過程を考える必要があるという感覚統合の発達過程を示しています。重力に対する姿勢の安定性から眼球運動、触れることと母子関係、次の段階として、ボディイメージや運動

企画、さらに両側統合*3から認知機能へと進んでいきます。この統合プロセスにおける機能が、最近の不器用な子どもたちによく見られる感覚・運動機能の問題としてあげられることが多いと思われます。

　さらに前述の写真での姿勢からわかるのは、子どもたちは背面や側面からの姿勢を見た時に、肩辺りの過度の緊張や背中後彎、骨盤の傾き等がよくあり、特に頭の後ろから肩甲帯にかけてある僧帽筋の動きが悪く首の動きが悪い場合がよくみられることです。これらの原因として、長時間のゲームや運動不足、普段の家庭での生活も骨やソファに寝転ぶ時間が長いことも考えられます。また、不注意や不器用なタイプは、骨盤から首にかけての筋の同時収縮が弱く、長時間の姿勢維持が難しくなります。授業に集中しにくく、ボーっとしていることがよくあり、覚醒レベルが下がっている場合もあります。また、姿勢に安定感がなく、書字動作の苦手さや話の聞き落とし、タイミングのずれも時々見られます。

(3) 微細運動、協調運動の困難

　動きがぎこちなく不器用な子どもは、運動企画が十分発達していないことが考えられます。運動の協応ができにくい、はさみの使い方が下手、折り紙ができないなどの作業が難しい子どもの場合も、感覚統合に問題があると考えられます。不器用な子どもの中にはでんぐり返りができなかったり、ケンケンが下手だったり、縄跳びや跳び箱が苦手だったりすることがよくあります。

❶微細運動の困難

　微細運動の困難には、指先の不器用さ、目の動きの困難、顔面・口腔の不器用さがあります。指先に観察されるのは、一つひとつの指が円滑に動かない様子です。また、指を動かすと身体の他の部分に力が入ったり、動いたりする連合運動が見られることがあります。これらはものを操作することが困難になる原因となります。目の動きの円滑さが欠けると、読み書きへの影響やボール運動に課題が起こりやすくなります。顔面・口腔の運動の不器用さは、舌、口唇、頬に現れやすくなります。

❷協調運動の困難

　協調運動の困難として、ラテラリティ（利き側）の未確立があげられます。ラテラリティとは「ある機能に関して、身体のある側の働きが他の側よりも優位になる働き」として捉えられています。狭義には「大脳において、ある機能が左右のどちらかに存在するという

※3 両側統合：身体の左右の両側の協調運動を促進させること

状態をさしている（日本LD学会、2010）」とされ、中枢神経系の機能の偏りとして考えられています。身体機能のレベルでは、利き手の未確立により、両手の協調性に困難があったり、身体や空間の左右知覚に影響を与えたりすることが考えられます。ラテラリティが確立するためには、身体の正中線を意識し、両手が正中線を越えて使用できることが大切であるといわれています。

❸運動企画の課題

運動企画とは、「不慣れで複雑な新しい動作を企画し、遂行する力」とされます。運動企画の力が弱い子どもは、新しい運動を行うときに、ａ）覚えるまでに時間がかかる、ｂ）覚えた運動が汎化しにくい（断片的なスキルを形成する）様子が見られます。通常、新しい運動が学習されると意識しなくてもできる（自動化）ようになりますが、不器用な子どもは常に注意を集中して運動しなければならないため、時間がかかり、効率が悪くなります。また、ｃ）いくつかの運動を組み合わせるとうまくできなかったり、ｄ）複数の運動が連続した課題になるとその順序性が組み立てられなかったりします。

運動企画が発達するためには、ボディイメージが十分形成されている必要があります。ボディイメージが未発達の場合、日常生活の着衣動作などが獲得しにくい、転んだり頭をぶつけたりすることが多いなどの様子や、人物画を描くと身体がうまく表現できないことも多く見られます。

5　発達障がい児へのFBMの効果

FBMは、前述のように、姿勢が悪かったり、多動であったり、感覚に過敏さがあったり、覚醒レベルが低かったりしている子どもたちに対して、誤学習や未学習によって獲得した不適応行動の修正をすることができます。正しい姿勢獲得のためにFBを使って、様々な姿勢をとらせ、身体の動きや触刺激を通して自身の心や身体に向き合うようにして行います。身体を動かしたりコミュニケーションをとったりする楽しさを味わわせることができます。FBを使った遊び活動を通して、コミュニケーションや認知、運動動作の発達を促し、外からの情報に対して適切な適応反応を引き出すことを目的としています。

⑴発達障がい児へのFBMの効果
❶姿勢変換による前庭〜脳幹網様体賦活系の刺激による以下の機能の改善（図3）
・ゆっくりした揺れや素早くバウンドさせる動きは意識水準を維持する土台を改善します。

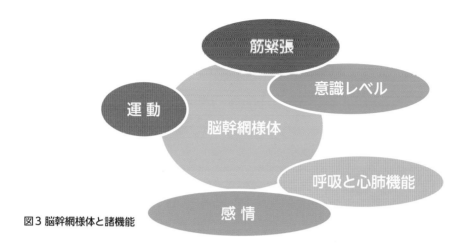

図3 脳幹網様体と諸機能

- ゆっくり全身に圧迫を入れたり、足底を踏みしめたりすることは脊髄分節伸張反射と筋緊張を調節し、姿勢改善のベースを作ります。
- 呼吸と心機能の制御に関連し、SpO_2（血液中にどの程度の酸素が含まれているか）の改善安定、呼吸筋群の活発化を促します。
- 痛みの感覚を調整することができ、感情のコントロールへつながります。

❷前庭神経とFBM

前庭感覚は空間の身体位置情報と運動情報を伝えます。前庭小脳核と前庭核を通して、運動情報の誘導と微調整をし、視覚情報に伝達します。前庭系、固有受容系、視覚系が動的姿勢を決める重要な役割を果たします。姿勢を整えることに関する介在ニューロンは「使わないと失われる」と言われており、姿勢や運動の学習をより向上させます。

FBMは中枢神経系に入力し、脊髄プログラムを刺激することで、運動ニューロンと感覚ニューロンに作用し機能回復の援助をしていきます。FBの揺れの刺激は脳幹網様体に作用して、覚醒水準をコントロールします。また骨格筋の緊張に影響を与え、適切な姿勢・平衡・運動を維持することを促します。さらに眼球運動を自動的にコントロールします（前庭眼反射）。揺れながら目標を捉えたり、物に沿って目を動かしたりすることで効果が高くなります。

❸筋肉活動への関わり

発達障がい児は筋の活動性が低く、より効果的な活動状態を調整することが苦手で、多動になる傾向があります。FBMは使っていない筋肉を使ったり、意識をしたりすることで、多動の改善につながっていくと考えられます。例えば、FBに座って身体を前傾させた場合

図4

図5

図6

（図4）両足圧と両大腿四頭筋の筋活動が増加し、FBに乗った臀部の圧が減少します。支持基底面と二分面が変化し、大腿四頭筋の筋活動が増加します。大腿の一部、骨盤、体幹の大部分の重さを両足の筋が保持することで、遠位から下腿が足部の上で安定化され、大腿が下腿の上で安定化される効果があります。そのような運動をすることで、骨盤、体幹、頭部のアラインメント※4を調整し、ボディイメージの改善や踏ん張り感の獲得につながっていきます。

　また、腹筋群が弱いと骨盤が前傾し腰が反り、腰部の緊張が増します。さらに頭部が前方へ突出し、腰部と頸部の緊張が強くなります。そうなると恥骨部とへその距離が長くなり、下腹部と腸腰筋の緊張が強くなることで姿勢が悪くなります。アラインメントがよくないと悪い習慣が日常化し、ボディイメージの低下がおき、筋力低下がおきます。さらにハムストリングスや股関節屈筋群等の緊張による関節可動域の低下や足部回内、踵骨の外反、下肢の筋緊張亢進がおこり、バランス能力の低下につながっていきます。**図5～7**のように普段取らない姿勢を取らせることによって、身体の軸ができていなく、ぐにゃぐにゃしたり、足の裏でしっかり踏んばったりすることができない子どもたちが、足の裏を意識したり、体幹を意識したりすることができます。肩を上からゆっくり押したり、肩、背中、腰、骨盤、膝、足底と力が入っていく状態を意識させたりします。**図7**のようにFBでのバウンドはFBのトップポジションに座り、両膝をそろえてバランスをとります。そのあと両手を上げたり、垂直にバウンドさせたりします。　動くものの上でしっかり座れない子どもたちには一本足イスに座るだけでも足の裏や体幹を意識します。さらに押さ

図7

※4 アラインメント：骨や筋肉・関節などの位置関係に対する軸位を調整すること

FBMの位置づけ

れたり、ひっぱられたりしても自分の姿勢をしっかり保てるようにさせます。 FBを使うと活動のバリエーションがもっと工夫できます。

❹FBの上での姿勢と効果

図8、図9のように手で体重を支えたり、足で踏ん張って身体をもち上げたりすることで、身体全体の支持力を高めます。腕と足、身体全体の動きの調整をすることで運動企画力を高めていきます。また、体幹を鍛え、反射の抑制も推進します。手で支持することが苦手な子どもたち、体幹を一定時間保つことが苦手な子どもたちの運動に適しています。FB（60㎝程度）を利用して、腹ばいに乗ることで、楽しく、手の支持能力と体幹の筋肉群の同時収縮を促進します。

手押し車で前進したり、FB（60㎝程度）を利用して、腹ばいに乗ったりします。この時に友達同士でジャンケンゲーム等を取り入れても楽しい活動になります。また、むかで競走や二人三脚等で、競争させながら、楽しく無意識に手で支える力を高めます。

また図9の応用としてFBに身体を添わせながら前転をしていきます。手で体重を支え、スムーズに身体を移動すること頭の位置が変わることで、ボディイメージの獲得につながります。腕と足、身体全体の動きの調整をすることで、身体の部位や方向を意識し、無意識に身体の位置感覚を意識し、運動企画力を高めていきます。手で支持をすることが苦手、体幹を一定時間保持することが苦手、上下の感覚が意識できない、身体が硬い子どもたちの運動に適しています。手で支持しスムーズに回転させるためには、頭をかがめ、身体全体が丸くなることを意識することが大切です。これらは手の支持力、軸をつくる、四肢の協調運動の活動につながりなります。赤ちゃんの発達を追って再度運動させるのも大切です。寝返り、這い這い、片膝立、前転、後転が基礎になります。バリエーションとして、FBで前転する、FBで後転する、FBの大きさを変えて前転する、後転する、2人で横転する、逆立ち、雑巾がけ等もあげられます。

図8

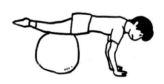

図9

⑵FBMの姿勢変換の背景と効果

❶腹臥位の状態でゆっくり揺らしたり、急に前方に押し出したりする

　自分の身体をFBに残そうとしたり、落ちないように立ち直ったり、手を着こうと前に伸ばしたりする、変化に富んだ前庭刺激の入力をすることによって、立ち直り反応、伸筋群の亢進、保護伸展反応の出現等がおきます。また、手のひらで支持することで手根筋群、肩甲挙筋、下腿三頭筋に緊張が入りますが、ゆっくりFB上で振動させると伸筋群の伸展を高める効果があります。

❷背臥位の状態でゆっくり揺らしたり、腰部をゆっくり押したりする

　FB上で背臥位になることで、脊椎筋群の収縮、肩甲帯の後退、下肢内転筋の亢進がおきます。重力に対して不安感があり、背臥位が苦手な子どもたちを無理やりFB上で寝かせると過度の伸展位になり、パニックになることがあります。その時は指導者と一緒に寝ころび、首の位置を水平位に保つことが大切です。また、腰部補助でボールの中心に向かって押す、離すことで、全身のリラクセーションにつながります。背臥位から引き起こして座位姿勢をとることで、足底部への体重負荷経験になり、踏みしめる力の補助へつながります。

　さらに背臥位で前後左右に揺らすことで、前庭受容器の多様な刺激が入力され、頸部からの固有感覚刺激になり、頭の立ち直りを促し、正常な姿勢反応を引き出すことで、重力不安の改善につながります。

❸座位の状態でゆっくり揺らしたり、腰部をゆっくり押したりする

　立ち直りの促進のために前後左右へゆっくり揺らします。これは前庭核から手足の緊張の調整を促します。固有感覚から小脳の介在で姿勢調整をし、視覚入力によって姿勢の立ち直り反応を誘発します。また腰部をゆっくり押すことで、足底部の負荷と骨盤から股関節にかけて負荷がかかり、抗重力姿勢の基盤をつくります。膝を曲げて足底への負荷をかけると下腿三頭筋、大腿二頭筋、大腿直筋、大腿広筋等下肢の支持力に関しての促通効果が期待できます。またFB上で捻転動作をすることで、中殿筋への刺激が入り、バランスの安定につながります。

❹触圧覚の入力による、触感覚の異常発達障がい児へのFBMの効果の改善

　FBに乗ったり、もたれたり、FBで上から抑えられたりして触圧を感じることで、パニックの減少、触覚過敏の改善等が図られたり、ボディイメージの改善につながります。触圧と前庭刺激により、身体各部の位置や運動を捉え、視空間認知やボディイメージを形成す

ることができます。さらに外界に働きかけ、認知系と連動して原初反応を抑制し、識別反応を促します。「□を介在して、揺れたり、遊んだりして人と楽しむことを経験し、コミュニケーション能力の向上や人間関係の形成を図ることができます。また、心地良さの体験によるリラクセーションを経験し、情緒の安定や呼吸の改善ができると考えられています。

[参考・引用文献]

Ayres, A.J.、佐藤剛監訳、1982『子どもの発達と感覚統合』協同医書出版社

一般社団法人日本LD学会編、2011『LD・ADHD等関連用語集　第3版』日本文化科学社

坂本龍生・花熊暁編著、1997『入門 新・感覚統合の理論と実践』学研プラス

中尾繁樹著、2013『「特別」ではない特別支援教育⑤　不器用な子どもたちの感覚運動指導』明治図書出版

坂本龍生著、1991『絵でわかる障害児を育てる感覚統合法』日本文化科学社

B.カリエール著、冨田昌夫監訳、2012『スイスボール　理論と実技、基礎から応用まで』丸善出版

中村隆一・齋藤宏・長崎浩著、2003『基礎運動学　第6版』医歯薬出版

3-2 FBM と ICF

「様々な子どもの支援に活かせそうな、ボールを使った"面白い"アプローチを試みている研究会があるから、1回行ってみようか」と、先輩の先生に誘われたのが、私のFBMとの出会いでした。支援学校の教員として2年目くらいの時のことだったと思います。FBMの特徴は、子どもたちの様々な困り感や課題に、一人ひとりに応じて、工夫しながら指導・支援していけることです。ここでは、FBMとICFについてという、壮大な、私などが述べるには申し訳ないような内容で、少しばかり考えを書かせていただくのですが、今となっては、この先輩が誘ってくださった最初の一言、「様々な子どもの支援に活かせる」に凝縮されているように思います。

ICF[注1]の考え方は、障がいのある方に関わる人たちにとっては基本となり、ずいぶんと浸透してきているように思います。今さら説明するまでもないのですが、ICF（International Classification of Functioning, Disability and Health）は、2001年にWHOにおいて採択されました。人間の生活機能を「心身機能・身体構造」「活動」「参加」の3つの要素で構成されているとし、その生活機能に支障がある場合を障がいと捉えるとしています。生活機能と障がいの状態は、健康状態や環境因子、個人因子が互いに影響しあうものと説明されています（図1 ICFの概念図[注2]参照）。障がいを相互作用として総合的に捉えること、ま

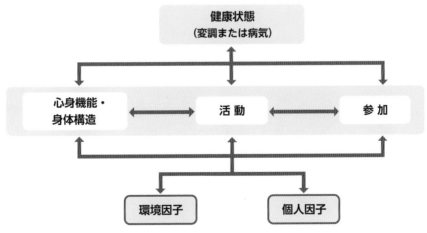

図1 ICFの概念図（構成要素間の相互作用）

た活動や参加の観点から困難さを見ていこうとする視点は、とても大切だと思いますし、FBMで大事にしていることともつながっています。

FBMでの実践を行う中で、FBMをICFに照らしあわせて、子どもたちの個々のニーズに応じた、より適切な環境（因子）を提供できるものとして捉えていけるのではないかと思うようになりました[注3]。

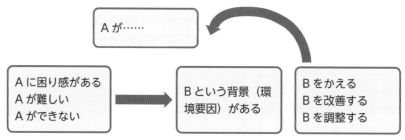

図2 ICFの考え方（坂井2002を参考に作成）

FBの物理的な特徴は、

- 重力の免荷状態をつくる
- 空気の量を調節できる
- 様々な大きさがあり、組み合わせて使用できる

ことです。比較的容易に自在に調整、変化させられ、身体を動かしやすい環境設定を行うことができます。

また、大切にしているのは、

- 子どもの動きや反応、気持ちに応じて柔軟に、より適切に働きかけをしていく
- （心地良い）やりとりの中で子どもの自発的な動きを引き出していく。そのために「やってみよう」「できる」状況をつくり出す工夫をする
- 何を目標にするのか、何につなげていくのかをもとにアプローチを考える（動きやすい環境を設定すること、その動きができるようになることで生活が楽になったり、豊かになったりする視点をもつ）
- 日常生活の中で、からだを良い状態に保ちながら主体的な学習の機会をつくる

個々の困っているところやニーズに応じて、子どもとボールを通じてやりとりをしながら、最適な環境を見出し、自在に環境を設定して、アプローチしていくことになります（具体的な内容については、本書の事例をご覧ください）。また、FBMの指導場面だけでなく、常に学習や生活につなげていくことを考えていきます。その意味で、FBMは、教育的アプローチにおける最適な環境（因子）として捉えられるのではないかと思います。ボールそのものは物的環境ですし、支援者は人的環境となります。

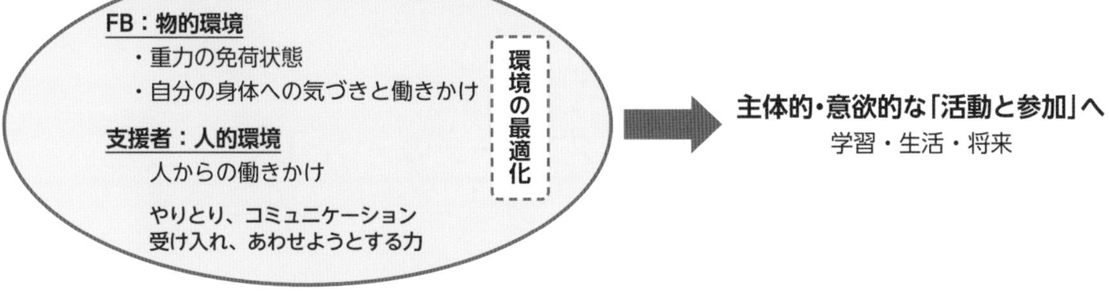

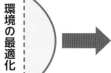

FB：物的環境
・重力の免荷状態
・自分の身体への気づきと働きかけ

支援者：人的環境
人からの働きかけ

やりとり、コミュニケーション
受け入れ、あわせようとする力

環境の最適化

主体的・意欲的な「活動と参加」へ
学習・生活・将来

図3　環境（因子）としてのFBM──ICFの視点から

　しかし、自在であるからこそ難しさもあります。一人ひとりに応じて使えるからこそ、支援者の子どもの実態や困り感を的確に把握する力、何を目標とし焦点化するのかといった課題設定の力がより重要となるからです。支援者の工夫次第、まさにいわゆる専門性、力の見せどころということになります。FBという物的環境が自在であるだけに、人的環境としての支援者がアンテナを磨き、アプローチの引き出しを増やしていくことが、より重要になるのではないかと思います。

　FBMとICFについて少し考えてみました。やはり最初の先輩の言葉に戻るように思います。FBMは、「様々な子どもの支援に活かせる」、子どもたちのニーズに応じた環境を提供する、工夫は無限大の「面白いアプローチ」です。FBMの実践、子どもたちとのやりとりを通して、発達を促し学習を支援し続けていきたいと思います。子どもたちの「やった！」「できた！」「もっとやりたい！」があふれ、そして笑顔いっぱいになることを願い、子どもたちと一緒にチャレンジしていきたいと思います。　　　　　　　（FBM研究会・天野ちさと）

注1　児童版としてICF－CY（Children and Youth Version）も2007年に公表されていますが、概的な枠組みはICFと同様であるため、ここではICFで考えます。

注2　障害者福祉研究会編、2002『ICF　国際生活機能分類―国際障害分類改定版―』中央法規

注3　自立活動との関連も深いのですが、それについては本書の他の箇所にありますので、ここでは触れないことにします。

［参考文献］
FBM研究会編、2014『チャレンジ！ファシリテーション・ボール・メソッド　こころと身体のボディワーク　基礎と実践』クリエイツかもがわ
坂井聡著、2002『自閉症や知的障害をもつ人とのコミュニケーションのための10のアイデア　始点は視点を変えること』エンパワメント研究所
独立行政法人国立特別支援教育総合研究所編著、2013『特別支援教育におけるICFの活用　Part 3　学びのニーズに応える確かな実践のために』ジアース教育新社
文部科学省「平成30年　特別支援学校学習指導要領解説　自立活動編（幼稚部・小学部・中学部編）」

FBM と自立活動
からだへの教育的アプローチの一つとして

Part3 3-3

1 自立活動とは

　特別支援学校に通う子どもたちの活動を考える場合、各教科での活動だけではなく、「自立活動」の指導＊が、とても大切な取り組みとなります。障がいのある子どもたちは、その障がいによって、日常生活や学習面において様々なつまずきや困難が生じることがあります。そこで、自立を目的として、学習上または生活上の困難を主体的に克服・改善するために必要な知識・技能・態度及び習慣を養い、それをもって心身の調和的発達の基盤を養う力を身につける指導が必要です。このために特別支援学校では、小・中学校または高等学校と同様の教科以外に、「自立活動」の領域を設定し、人間としての調和のとれた力の育成を目指しています。

　＊特別支援学級での自立活動の指導については、特別支援学級において特別の教育課程を編成する場合に、「特別支援学校小学部・中学部学習指導要領第7章に示す自立活動を取り入れること」。同様に、通級による指導は、特別の教育課程を編成する場合については、「自立活動の内容を参考にすること」などが示されています。

2 自立活動の内容

　学習指導要領には、自立活動の内容として、6つの区分をもとに27項目が示されています。指導にあたっては、これらの中から一人ひとりの子どもたちに必要とされる項目を選定し、それらを相互に関連づけて具体的に指導内容を設定します。ここでは、その6つの区分と27項目の一部を紹介します。

① 健康の保持
　生活リズム・生活習慣の形成、身体への理解・健康の維持改善、障害の特性の理解と生活環境の調整

②心理的な安定

　情緒の安定、状況理解や変化への対応、学習上又は生活上の困難を改善・克服する意欲

③人間関係の形成

　他者との関わり（意欲や感情理解）、自己の理解と行動の調整、集団への参加

④環境の把握

　感覚の活用（補助、代行手段の活用）、認知や行動の手掛かりとなる概念の形成

⑤身体の動き

　基本的技能、身体の移動能力、作業に必要な動作と円滑な遂行

⑥コミュニケーション

　言語の形成、受容と表出、手段の選択・活用、場に応じた対応

　　　　　　　　（抜粋：文部科学省　特別支援学校幼稚部教育要領　小学部・中学部学習指導要領）

　障がいのある子どもたちは、その障がいによって、各教科等で育まれる資質・能力につまずきなどが生まれやすくなっています。そのためにも、個々の実態把握（アセスメント）を行い、「基本的な行動を遂行するための要素」や「障がいによる学習上または生活上の困難を改善・克服するために必要な要素」いわゆる、心身の調和的な発達の基盤に着目して支援・指導が必要になります。自立活動の指導は、各教科等において育まれる資質・能力を支える役割も担っているのです。

3　FBMと自立活動

　特別支援学校における、自立活動については、身体的なアプローチを行うことも多く、医療や療育などの関係機関や各分野との連携を行うことはとても大切な視点となります。

　特に子どもたちの身体的な発達を十分に理解して取り組むことが重要です。さらに、その取り組みでは、医師やPT(理学療法士)・OT（作業療法士）・ST（言語聴覚士）等による医療や療育的な観点から、専門的な指導や助言を受けながら、子どもたちへの身体へアプローチを行うことが、さらに効果的な指導につながります。

　しかし、自立活動は医療や療育の場面で実施されるものではなく、学習活動や日常生活の場で、子どもたちの発達に視点をあて、教育現場の中で行われるものであるということを十分に理解しなくてはなりません。

　FBMは、自立活動を実践する際に適した教育的アプローチの一つで、FBは、先生方の指導や支援における支え（背骨）として活用できるツールだと考えます。

FBを活用し、からだ（心と身体）への教育的なアプローチを行いながら、医療や療育機関等からの適切な指導・助言を受け、互いの立場を尊重しながら、検証を進めることで、子どもたちの発達に素晴らしい成果をもたらすことができる方法です。

次に、FBMを活用した自立活動の内容に見込まれる、効果や有用性について考えてみましょう。

● **健康の保持**

- 身体への直接的なアプローチを行うことで、拘縮や緊張の弛緩ができる。
- 触圧によって運動機能や呼吸状態の改善を図る。
- 抗重力の姿勢や身体の位置関係を整えることで、側わん予防ができる。

● **心理的な安定**

- 空気圧を調整したFBに安定して身をゆだねることにより、心地良い心理的安定が得られる。
- 心身がリラックスした状態をつくりやすく、深い呼吸が促されることで心拍数・呼吸数・SpO₂の数値を安定した状態にできる。
- 支援者と子どもたちがFBを通したやりとりを進める中で、支援者から声かけを行い、ほめることで、達成感や充実感が得られ意欲や主体性が育つ。

● **人間関係の形成**

- FBを媒介として、支援者と子どもたちがお互いの刺激や動きの大きさや方向、筋肉の状態などのやりとりをリアルタイムで行うことができる。
- 子どもたちの障がいの特性や発達段階に応じて、FBの空気の量等を調節しアプローチすることで、子どもたちが自分自身の身体への理解（ボディイメージ）を高めやすくなり、行動や気持ちをコントロールできるようになる。
- FBを通してやりとりを行うことで、人と関わることの楽しさを知る。

● **環境の把握**

- 様々な姿勢やポジションをとることにより、状況の変化や環境に対応する力ができる。
- 周囲の環境把握を行うポジショニングや動きがつくりやすく、保有する感覚を活用した自発的な活動を引き出す可能性が見込まれる。
- 抗重力の姿勢を保くように取り組みを繰り返し、身体的に安定することで首や視線をコントロールでき、周囲の状況への興味関心が育つ。

● **身体の動き**

- 抗重力による活動や姿勢の保持等の基本動作の改善や習得ができる。

- 安定した姿勢を保持しやすく、視線や身体の動きなどの運動・動作を身につけやすくなる。
- 様々な姿勢を繰り返し経験することで、身体を支える力や、踏ん張る力、コントロールする力が育ち、多くの場面で活動の幅が広がる。
- ●コミュニケーション
- FBを媒介として子どもたちと支援者のコミュニケーションが成立し、支援者との関わりを楽しむことができる。
- 子どもたち自身がもっている基礎的能力（表情や身振り）等に応じ、コミュニケーションツールとして活用することができる。
- 身体的なやりとりを繰り返し行うことで、支援者を意識する力が育ち、自分と支援者とのコミュニケーションをとるよろこびを知ることができる。

4 幅広い活動ができるツール

　身体障がいのある子どもたちへの自立活動でのFBによるアプローチは、子どもの健康やその身体状況において、筋緊張をゆるめ、筋肉バランスの調整を促進するなどの効果が認められます。

　そして、知的障がいや発達障がいのある児童生徒が通う特別支援学校、特別支援学級や通常の学級においても活用の効果が期待されます。身体のスムーズなコントロールを行うことができず、本人の独特な動きや、過度な緊張状態での身体の動きなどが見られる子どもたちへ適切なアプローチを行うことによる、身体のバランス感覚の向上や、感情のコントロール、学習時の集中力の向上などです。

　FBMは、先生方の豊かな発想で意図的に環境設定を行うことや少しの工夫で、子どもたちへの身体への働きかけが安全で安心に実践できる方法といえるでしょう。

　また、子どもたちの身体の状況等に応じて、医療・療育からの指導助言を受け、関係機関と定期的な検証を行うことで、一人ひとりに、より適切な取り組みとなることも付け加えさせていただきます。

　さらに、自立活動を主とした活動の場面だけではなく、各教科等の学習場面でも適切に取り入れ環境設定を行うことで、子どもたちが自主的・自発的に幅広く活動できるツールとなることが期待できます。

　ぜひ、様々な環境や場面で子どもとタッチ（触れ合い）、可能性をフィール（感じ）、多くの活用方法にトライ（試す）してください。

（大阪府立中津支援学校・奥井光司）

Let's enjoy "FBM" !

FBMの実践事例

Part4
4−1

みんなで一緒に
知的障がい特別支援学校（小学部）での取り組み

　入学当初、体幹の力が弱く、手先の不器用さもあり、イスにしっかり座って学習することが難しい子どもが多かったです。イライラすると周りの人や物に手が出てしまう子どももいて、ストレスを発散させる方法を見つけたり、それぞれのお気に入りのものを取り入れたりしながら、落ち着いて過ごせる方法を模索しました。友達を意識したり、一緒に遊んだりすることはまだ難しい集団で、何か"友達と一緒にすると楽しい"と感じられることをしたいと思いました。身体を動かしながらみんなで取り組めそうなこと、楽しみながらできること、一人ひとりが自分のペースでできることとしてFBMの指導を進めました。

　最初は、FBを朝の会や授業で教師がイスとして使用したり、休憩時間に一緒に乗ったりして親しむところから始めました。空気を多めに入れたFBで弾む感じを楽しみたい子ども、少し空気の抜けた柔らかいFBに乗ってリラックスしたい子どもと、それぞれの子どもが自由に選んで使いながら、次第に慣れていきました。

▷ 取り組み内容

⑴遊びの指導「うんどう」の授業中、FBをイスとして使う
　始めて間もない頃は、みんながボールに座ってあいさつができる状態になるまで、とても時間がかかっていました。みんなが座ったと思ったら誰かが走り出したり、座っていた子どもが転げ落ちたり……。なかなか授業を始めるあいさつができませんでした。

⑵曲がかかっている間（4分間）自由に走る

⑶曲が終わったら各自FBを取りに行き、みんなで輪になって座る
　教師がそばにいた方がよい子どもは、隣に教師が座るようにしました。次に、様々な動きを決め、それぞれに合うような曲を選び、曲が流れくいる間に行うことがわかるようにしました。

特別支援学校小学部 1 年生、広汎性発達障がいやダウン症など、それぞれがマイペースな知的障がい
を有する児童 6 人クラス。
主な特徴としては
- じっとしていることが難しく、衝動的でよく走り回る。
- バランス感覚は良いが、ボディイメージが未熟。
- 本当は自分でできることでも、自信をもって行動することが難しい。
- 感覚過敏や尖足、偏平足。
- 危険予測が難しく、怪我をしやすい。
- 普段から、いつも転びそうな歩き方。
- 運動が苦手で動きがゆっくり。
- 生活リズムが不安定なことにより、情緒も不安定。など

⑷曲に合わせて前後・左右に揺れる、腰を回すなど、教師の動きを見ながら真似をする

　最初のうちは、曲がかかっている間FBに座っ
ているだけでも十分としました。FBから転げ落
ちてしまう子どもがいたので、みんなで手をつ
ないで助け合えるようにしました。

　次第にみんなで動きを合わせながら、少しず
つFBの中心を捉える感覚に慣れていくことがで
きました。

⑸曲に合わせて、座ったまま弾む、手を動かす（パンチ）、身体を捻る、足を上げる（キッ
　　ク）など徐々に動作を増やしていく

　前後・左右の揺れの時に落ちないよう耐えて
いた子どもにとっては、手を上げたり、身体を
捻ったりすることはなかなか難しかったです。
しばらくは、みんなの様子を見ながら上下に弾
み、落ちないように座っていました。

⑹FBの上で仰向けになる

　最初は、1個のFBに仰向けで寝ようとすると頭が下がり、身体がブリッジするように反っ
て恐怖感が増すようだったので、2個のFBを並べてその上に寝るよう促しました。FBが
2個あると、頭がFBから落ちることなく仰向けになることができ、乗ってしまえばリラッ
クスできる子どもが多かったです。1人に1個ずつしかFBがなかったので、順番を待つ間

に友達が乗っているのを見てから取り組めたこども、見通しがもてないと不安になる子どもにとっては良かったと思います。慣れるまで教師がボールを押さえたり、身体を支えていたりしましたが、補助がなくても安定して乗っている子どももいました。ある程度FBの上で仰向けになる感じをつかんでから、1個のFBに乗りました。

　FBが1個になり、1人で仰向けを維持するのが難しい子どもには、教師がFBを少し支えながら行いました。途中で落ちてしまって、最初のうちは「あーあ」とあきらめていた子どもが、そのうちみんなと一緒にやりたいという思いの方が勝り、必死にチャレンジ。自分から仰向けにFBに乗って「先生。どうだ？」と尋ねてくるようになりました。

⑺FBの上にうつ伏せになって前に進んだり、後ろに進んだりする

　難しい子どもは両足というよりお腹や膝をFBに乗せ、両手で上半身を支えることだけでOKとしました。少しずつ前後に動けるように。慣れてきたらスピードアップ。教師や友達と顔を見合わせて近づいたり、離れたり。楽しく活動していると、なかなか動き出せなかった子どもも何とか参加しようとして動き始めました。落ちてもみんなあきらめずにチャレンジするようになりました。

⑻FBに座った体勢から滑り降りる

　最終的にFBの上に乗ってバランスが取れるようになるには、まず自分で"落ちる！"と思った瞬間に安全に降りられるのが大事だということで、自分でFBから落ちる練習をしました。

　マットを敷きつめ、落ちた時に痛い思いをしないよう環境を整え、教師が手本として楽しそうに滑り降りました。"落ちても良いの？"と最初は不思議そうな顔をしていましたが、足やお尻から、それぞれ滑り降りることができました。真っ直ぐ前に滑り降りるのが上手になり、慣れてきた子どもには教師がFBを押して斜め横に落ちるようにしたり、真横に落ちるようにしたりしながら、徐々に難易度を上げていきました。ドッジの時にも、自分なりに安全

に対処できるようになっていきました。

(9)一瞬、膝でFBに乗って、すぐに降りる

　両手でFBを押さえ、両膝でボールを踏むように体重を乗せていき、つま先が少し浮いたらすぐ戻り、FBから降りることを繰り返しました。完全に両足が乗るようになるまでには時間がかかりましたが、年度の終わりには数人ができるようになりました。2年生でも継続して取り組んだ子どもの中には、自分でFBの上に数秒間乗ったり、弾んだりして楽しむ姿も見られました。

(10)うつ伏せから仰向けになったり、仰向けからうつ伏せになったりする

　とても難しかったのですが、大人が楽しそうにやって見せていると、なんとか真似をしてやってみようとする姿が見られました。FBから何度も落ちながらチャレンジしていたので、タイミングを見て教師がFBを支え、子どもの動きに合わせてFBを回転させました。何度か補助しながら取り組むことで、少しずつコツをつかんだ子どもも出てきました。仰向けからうつ伏せに1人で姿勢を変えることのできる子どもが、年度の終わりには数人いました。

(11)ワンバウンドでキャッチボール[*]

　輪になってFBに座り、友達や教師の名前を呼んで、その人へボールを弾ませてワンバウンドで届くようにパス。慣れるまでは教師から子どもへ（ボールを取ろうとしなくても、ちょうどお腹の前にボールが乗るように）。子どもから教師へ。そのうち、友達同士でも「こっち。こっち」や「ちょうだい」など、ボールを要求する姿も見られました。

(12)ノーバウンドでキャッチボール

　直径15cmのFBで、最初は教師とのキャッチボールをしました。名前を呼び、目が合ってから、その子どもが取りやすいボールを投げることから始めました。全員が慣れてくると、それぞれの実態に合わせて高く投げ上げたり、身体の中心より少し左右に振り分けて投げたりしました。教師とのキャッチボールがある程度できるようになってから、子どもが受

け取ってほしい相手を自分で決めて名前を呼び、投げ合うようにしました。

　キャッチボールが得意な子どもの中には、わざと速く投げたり、遠くへ投げたりすることもありましたが、徐々に相手を意識してそこへ届くように、相手が取れるようなボールを投げるようになっていきました。最終的には、取りやすいボールが自分に飛んできた時には、全員キャッチすることができるようになりました。

友達と一緒にできる楽しさを感じるための工夫
- 手をつなぎ、上手に座れる児童と教師でバランスが取りにくい児童を挟む等、みんなでできるよう、その都度並びを考慮。
- リラックスして取り組めるよう、FBから落ちても痛くないようにたくさんのマットを用意し、敷きつめる。
- キャッチボールで名前を呼び合うことで、友達を意識するように。

教員間での共有
- 自分たちが楽しく活動する姿を見せる。

　＊なぜキャッチボールに使うボールがFBなのか
　FBは入っている空気が少ないので柔らかく、キャッチしやすいことにあります。投げるのが苦手な子どもも、片手で握って投げることができます。また、飛んできたFBが顔や身体に当たっても痛くないので、恐怖心を減らして取り組むことができます。さらに、キャッチし損ねても転がっていかないことは、その都度ボールを取りに行く間に気がそれることを防ぎます。

成果と考察

　取り組みから3、4か月くらい過ぎると、全員がFBを使った活動に慣れてきました。FB上で自分なりに前後や左右に揺れたり、仰向けに乗ったりすることにも抵抗なく取り組めるようになったと思います。得意な子どもは、仰向けでリラックスする姿も見られるようになりました。FBに慣れたことで、休み時間にも自らFBに座るなど、楽しみながら自然と体幹の力を身につける子どもが増えていきました。体幹の力が使えるようになったことで、学習時間や給食時間など、いろいろな場面でも姿勢保持ができるようになってい

きました。そして姿勢が安定し、落ち着いて活動に取り組めることで巧緻性も高まり、自分でできることが増えていったように感じました。それぞれの子どもが、いろいろな場面を通して自信がついていったのだと思います。苦手なことにも少しずつ挑戦できるようになったり、意欲的に活動したりする姿が多く見られるようになりました。一人ひとりの成長によって、学級としてとても落ち着いて学習できるようになり、イライラすることがあっても周りの人や物に当たらないようになったり、少しずつ自分で解消したりすることもできるようになっていきました。

休憩時間も自由にFBを使いました

　身体の使い方が変わったことの1つとして、入学当初は全員が靴の履き替え時に、必ず床に座り込んだり、イスに座ったりしていましたが、立ったままで足を床に着かず、履き替えることのできる子どもが増えました。立ったまま履き替えができるようになっても、しばらくは床に足を着いてしまうので、雨の日には靴箱の前が濡れているため、登校後すぐに靴下を履き替えることもよくありました。徐々に濡れないよう、足元をよく見て、バランスを取りながら、靴から抜いた足を次に履く靴の中へ直接入れて履き替える動作が身につきました。

　巧技台を使った遊びや、体育の授業での長縄跳びなどでも、身体の使い方が上手になっていたり、友達と一緒に手をつないで縄を跳び越したりするなど、友達と一緒に活動することが自然とできるようになっていきました。

　教室移動などでは、お互いが友達のことを気にかけて待ったり、誘いに行ったりするなど、何をする時も自分だけではなく"みんなで一緒に"が浸透していきました。FBを使って、身体の動きを調整する力が身についていくと同時に、人との関わり方にも柔軟さが増し、徐々に周りの人に関心をもち、お互いが友達として意識し合う関係になっていったのではないかと感じています。

（広島県立広島特別支援学校・伊藤静香）

2年生の終わり頃、みんな随分FBに慣れました

身近な場面にFBを取り入れて
知的障がい特別支援学校（中学部）での取り組み

Part4 4 2

知的障がい特別支援学校では、多くの児童生徒が自発的に身体を動かすことができますが、これまでの発達の中でぎこちない動作や独特の動作を獲得したり、感覚過敏や自己防衛反応などから個性的な身体の動きを行っている子どもたちが多いです。また、身体の障がいを併せもつ子どもたちも見られます。

ここでは、知的障がい特別支援学校で日常生活や学習活動などの身近な場面で、身体的な機能へのアプローチとしてFBを取り入れ、バランス感覚や調整能力に働きかけた取り組みの一例を紹介します。

取り組み内容

⑴身体機能の発達へ直接的な働きかけ

自閉的な傾向をもつ児童生徒の中で、感覚過敏や触覚の防衛反応などから極度に身体に力が入り、肩を引き上げ背中が丸くなり、歩き方もかかとが上がり、つま先歩きをしながら日常生活を過ごしている生徒に対し、身体機能の発達へ直接的な働きかけを行いました。

❶FBにうつ伏せで身体をもたれかけ、呼吸を深くし、リラックスを促す。

❷座位をとり、上下に揺れ、バウンドとストップを繰り返す。この時、肩を軽く押しながら弾ませて背筋の感覚が伸びるイメージを伝える。

❶

また、その後、肩の動きを意識させるような支援を行い、引き上がっている肩を下の方へ下ろすようなイメージが伝わるように声かけを行う。

❸長座位で後ろへもたれるようにし、胸や肩、周辺の動きをつくる。

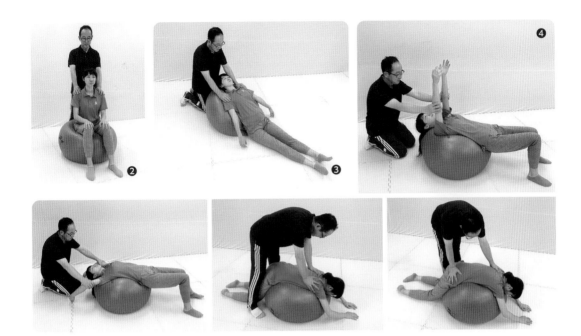

❹仰向けでボールにもたれ、身体を伸ばす。両腕を上げ伸ばす。伏臥位で肩甲骨周辺の
　動きを他動的につくり出す。

❺四つ這いの状態で片腕ずつ曲げ伸ばしを繰り返す。

❻圧力を高めたボールの端を踏み、かかとを上げたり下ろしたりを繰り返す。

　このような動きを日常生活の少しの間や、昼
休み、放課後の時間を使い少しずつ取り入れる
ことで、本人がそれまで無意識に緊張を強め、
様々な姿勢をとる時のベースとなっていた姿勢
が、本当は正しい位置ではないということが意
識できるようになってきました。

　また、❷などのイメージを伝えるような動き
を取り入れ、他動的な動きではなく、自動的な
動きができるように気づかせることで、それま
で緊張する方向に動かしていた肩甲骨周辺を意
識し、引き上げていた肩を自分で意識し、落と
すような場面が出てきました。

　歩行時も少し声かけをすることで、かかとか

ら足を下ろし、つま先まで体重移動し歩行する意識もできるようになってきました。

(2)イスの代わりに利用

学習活動や休憩時間、給食などでボールをイスの代わりに利用し、バランスよく保ち、調整する動きをつくり出します。バランス感覚を養う動きに取り組みました。

成果と考察

多くの子どもたちは、これまでの生活環境や障がいによる特性から、ぎこちない動きや独特の身体の使い方をしていることがよくみられます。

身体的な機能へのアプローチということで特別に取り組むための時間をつくることは難しいですが、身近にFBを取り入れることで、正しい身体の使い方やボディイメージを高めること、筋肉のバランスを調整するような働きかけを行うこと等により効果的な発達への支援になると考えます。

FBは意識下、無意識下のどちらの部分にとっても、身体のバランスや筋肉の調整に働きかけることができ、身体への教育的アプローチの方法として、多くの活用方法を取り入れることができると考えます。

今後も必要に応じて、障がい種別ではなく、それぞれの子どもたちに対し、一人ひとりに応じた活用方法を考えることで、学習活動や日常生活などの場面で、多様な動きを引き出す環境を適切に整え、多面的に運動感覚を養う素材としてFBを利用していきたいです。

（大阪府立中津支援学校・奥井光司）

Part4
4-3
身体のぎこちなさや情緒面に
課題のある子どもたちへの集団指導
肢体不自由特別支援学校（高等部）での取り組み

　肢体不自由特別支援学校高等部の自立活動での課題への取り組みを紹介します。この学習グループは独歩が可能で軽度の肢体不自由の子どもたちが多く、教科学習を行う時間も多く設定されています。近年この学習グループにおいて、情緒のコントロールや身体のぎこちなさなど、体幹の支持性・運動企画（協調動作）などの課題が増えていることから、FBを用いた集団での活動を始めました。

取り組み内容

　自立活動を行う金曜の午後は、みんな少し疲れ気味の様子。リラックスしながらゆらゆらバランスをとって、身体の軸の使い方の学習を行うところから進めていきました。

❶授業に参加する生徒、教師全員の顔や動きが見られるように、少し間隔を空けて全員で大きな円をつくりFBの上に座る。教師も生徒と同じようにFBに座って参加。

❷リーダーの教師が、FB上での動きを提示し、それに合わせて生徒、教師が動きを模倣する。リーダーの教師は、動きのポイントや注意点をていねいに言葉で伝える。

❸FBでの取り組みに生徒たちが慣れくきた頃から、生徒・教師が順番にリーダーになりFBトでできる身体動作を提示し、全員で模倣する。

❹4か月がたった頃から、1人での活動時間を短くし、2人での活動を取り入れた。1つのFBに生徒と教師の2人で乗り、教師が子どもの動きに合わせる形から、少しずつ子どもが教師の動きに合わせるようにした。さらに、全員で連動して協力のもとに行う活動も加えた。

生徒の変化と成長

　取り組みを始めた頃は、バランスが取りにくかったり、情緒面で不安定な生徒のそばに教師を配置し、サポートするようにしました。円になると誰に注目してよいかわからなくてずっと周りをキョロキョロ見たり固まっていたりする生徒もいました。リーダーの教師の模倣の段階から生徒・教師が順番にリーダー役を果たす段階になると、毎回、円に並んでいる順に順番がまわるので誰を見たらいいのかがすぐに理解できるようになりました。緊張しがちな子は、自分にまわってくる順番を逆算して見通しをもって、心の準備をし落ち着いて活動できるようになりました。

　ある男子生徒は注目を引くためにいつもアクロバティックな動きを提示してはバランスを崩し、FBから落ちていましたが、少しずつ身体の動きの使い方のコツをつかんでいきました。大きな動きをしても転ばなくなり、そこから起こるみんなの「すごい！」という称賛を意識して頑張ることができるようになりました。

　ある生徒は2人で1つのFBに乗るのはとても難しく、リーダーの教師の指示に添いながらもバンバン飛び跳ねていましたが、1人でFBに乗るよりも動きづらい感じで四苦八苦していました。授業を重ねるに従い、2人で乗ったFBでの動きにも慣れてくると、身体の動きの荒っぽさが減り、動きに集中できるようになりました。活動の中で相手と動きが合うことが増え、生徒の表情にも少し余裕が見受けられるようになり、そこからはリズムよくお互いに動きを楽しめるようになりました。生徒の様子を見ながら、相手の存在に気づくこ

と、相手の動きを受け入れ合わせることの難しさを実感しました。

2人の生徒の紹介をします。

❶Mさん　高等部3年女子

　普段のMさんは、背中を丸めて腰を硬めX脚になって小股で歩いており、イス座位姿勢の時も前傾姿勢で足底がつかず重心がかかっていない状態でした。個別指導の場面では、一瞬、背筋を直線的に伸ばすもののすぐに元通りになってしまうこともあり、身体を通して学ぶという面に難しさがあるようでした。当然、FBに座ると、バランスを1人でとれず転んでしまうこともありました。

　そんな彼女も、この集団の活動にみんなで一緒に取り組むことで、楽しくリラックスしながら力の入れどころの緩急もつかんでくれたようです。FBの上で踏ん張って止まることの難しさを身体を通して学び、FBに縦揺れ、横揺れを適度につくって自分でバランスをとることができるようになりました。最初はFBの揺れで顔が青くなることもありましたが、友だちと一緒に1つひとつの活動に取り組むことで自信をつけてくれました。8か月後には、活動後にFBから降りると背筋がシュッときれいに伸び、歩く姿がきれいになっていました。

❷Kくん　高等部1年男子

　とても頑張り屋でどんなことにも一所懸命なK君ですが、気持ちのコントロールが難しく同時進行的な課題の提示でパニックになってしまったり、身体の使い方がぎこちなかったりと心身ともに協調性が課題の生徒です。はじめはFBに乗って弾むことが楽しいあまりにどんどんエスカレートして、転がって友だちの方に突っ込んだり、気持ちと身体のコントロールが難しい場面もありましたが、少しずつ「合わせる」（「心」と「身体」、「自分の動き」と「相手の動き」など）課題に取り組んでいきました。

　「～君のやってるみたいに腰を後ろに…」など人の様子を見て合わせることや、背中合わせにFBに乗って相手の動きを合わせることなど協調動作にじっくり取り組むことで、気持ちのゆとりとともに身体の滑らかな動きも出てきました。上手な友だちの姿など成功モデルが周りにたくさんあることや、周りの教師、友だちからの肯定的な言葉かけも心理的安定につながったのだと考えられます。年度終わりには楽しく取り組みながらも落ち着いて活動できる場面が増えてきました。最近では、面白いポーズをたくさん考えて意欲的にパフォーマンスを実践してみせてくれており、すっかりグループのムードメーカーになっています。

　肢体不自由の特別支援学校にも主たる障がいが知的障がいの児童生徒がたくさん在籍しています。彼らの多くに身体の使い方のぎこちなさや情緒面の不安定さが見られることがあります。

　本来、身体運動面の成長・発達は、発育の過程で自ら学び取ってきたものです。しかし、その過程において生活の中での「しづらさ」を身体の面や心の面でもっているにもかかわらず、そのこと自体を認知できないまま成長している場合がよく見られます。

　今回FBMの指導で、FBは空気の量を調整しているため基底面が広くなり身体の中心の学習が行いやすくなりました。しかし、FBに乗り重力の免荷状態を受けることで自由度が増し、身体を楽に心地良く動かしやすい環境になりますが、FBが球体ゆえに主体的にコントロールすることを求められることにもなりました。そのことで、本人たちのぎこちなさや気持ちのコントロールのしづらさが、個人の中で、また、集団の中で表面化しました。

　個人に焦点を当てると、日常的に扱いづらさをあまり感じていなかった身体は、FBの上では扱いにくい身体となりました。最初は、うまくFBに乗れないし、いい姿勢で安定して座るのが難しいです。生徒たちは、うまく乗れない自分の身体に対して、集中し神経を注ぎ、身体への意識を高め、姿勢を安定させようと身体のあらゆる部位に働きかけ協調させ、身体への働きかけを意識的に繰り返すようになりました。これまで自分の身体でありながらあまり意識されなかった身体が、積極的に意識され身体に働きかけられるようになったと考えられます。また、身体が安定すると気持ちも安定し、生徒たちは心と身体の関係も学んでいったと思われます。そのことが、今回の生徒たちの心と身体の成長や変化に影響を促したと考えています。

　集団の場面では、生徒自身が自分の身体に意識を向け普段意識しない身体に働きかけ、主体的にコントロールし始めた時、一緒に活動する友だちの存在の意味が大きくなりました。集団で活動することで、友だちの上手な動きや失敗が見本となり、友だちからの声かけが自分の身体への意識を高め、自分の動きや活動を集団に合わせようとする力に変わったのです。集団の中で支援され、励まされ、ほめられることは、生徒自身の自信となり、FB上での活動を豊かにするとともに、気持ちのコントロールにも大きな影響を促したのではないでしょうか。

　自立活動の指導は、教えるのではなく学ばせることが大切です。FBに乗ることで、生徒たちの身体は動かしやすい環境に置かれ主体的にコントロールすることを求められます。今回のように集団での取り組みを展開することで、これからも自ら学ぶ力を子どもたちの中に育みたいと考えています。

（大阪府立藤井寺支援学校・東　耕平／大阪府立藤井寺支援学校・河野健三）

自由度 想像力を大切にするFBM
放課後等児童デイサービス事業所での取り組み

　FBMでは、心身のリラクセーションを促し、対人関係の改善を促すことをねらいにしたからだのアプローチをしています。

　ここでは、知的障がい、発達障がいのある子どもたちが利用する放課後等児童デイサービスでのFBMの実践を紹介します。ほぼ毎月1回のペースで、合間に休憩と水分補給を取りながら約90分間、支援員の方々と一緒に取り組んでいます。

指導・支援の方針

　子どもの年齢や発達段階、興味、対人の関わり等、大きく異なり幅があり、同じ課題を設定することが難しい集団でした。そこで、大小様々なサイズのFBを1人当たり2〜5個用意して、安全かつ自由な環境をつくり、FBと個々の関わりを個別的に指導・支援するようにしました。

●リラクセーション

FBにもたれていい気持ち

FB5個でゆったりと

うつ伏せリラックス

FBに並んでもたれてダブルピース

バランスをとって背中伸ばし

FBに座れたよ！

●様々な姿勢や動きにチャレンジ

壁も使ってバランス

お座り上手

FB 2個でうつ伏せバランス

FB 4個で座位バランス

ジャンプ「ヨーイ！」ピョン

いい顔でピース！

❶子どもの動きや働きかけに気づき、見守り、認め、ゆったりていねいにやりとりをします。

❷子どもの活動に寄り添い、FBを媒体にして一緒に楽しく関わります。

❸子どもたちが安心できる基地となるように信頼関係を育てます。

❸姿勢が安定してリラックスできるように、FBのサイズや個数、位置を工夫します。

❹子どもの表出や要求を受け止めながら、相互のやりとりを広げます。

❺支援員は子ども同士の関わり合いが広がるようにつなぐ役割をします。

(成長・変化)

• 子どもたちが、それぞれのペースでFBに親しみ、自発的に活動できるようになりました。

• 仰臥位、腹臥位、腰かけ姿勢等、様々な姿勢でリラックスできています。

• バランス反応が良くなり、安定した姿勢がとれるようになりました。

• 複数のFBの楽しみ方や扱い方を工夫して、自由に遊べるようになりました。

• 注意集中が苦手で、動き回る子どもやFBを投げたり蹴ったりする子どもたちの遊び方

や人との関わり方が変化して、行動面の落ち着きが見られるようになってきました。

・友達や支援員と、「いい表情」でやりとりを楽しむことが増えてきています。

成果と考察

　FBMでは、子どもの課題や動き、気持ちに合わせて柔軟に工夫しながら、適切な働きかけを試みていきます。

　FBの自在性、自由度を活かした活動を支援し続けたことにより、子どもたちからの自発的な活動や工夫が引き出されるとともに、相互の関係性が深まったと捉えることができます。また、注意集中が苦手で、動き回ったり、FBを投げたり蹴ったりする子どもたちがいましたが、心身のリラックスが促され、姿勢が安定できるようになることで、心も安定し行動面の落ち着きが得られるようになったと考えることができます。

　FBMを継続することで、支援員の子どもたちへの関わり方がより柔らかくていねいになり、楽しくやりとりをする場面が増えてきました。その要因としては、支援員がゆったりと見守る姿勢で関われるようになり、子どもたちの気持ちを読みとろうとする言葉かけも増え、相互の理解や関係性が深まったことが大きいと考えられます。このことは、放課後等児童デイサービスでの日常的な支援・指導にも活かされることになります。

　＊FBM活動時の制限は原則的には行いませんが、活動スペースや必要最低限の約束をていねいに確認し、
　　他の子どもたちの活動を妨げないようお互いを尊重して遊べるような環境づくりと安全の配慮が重要
　　となります。

（埼玉県立熊谷特別支援学校・丹羽史和／ FBM研究会・大島　昇）

おわりに

　今回のエンジョイFBMの本では、FBMの取り組みを「発達を支援するからだの学習」として位置付け、FBMの基本から具体的な手順や指導、そして、実践事例をまとめました。FBMの実際をセルフ〜ペア〜グループと発展させながら、できるだけわかりやすく伝える構成にしています。

　関西国際大学教授中尾繁樹先生に、「FBMの有効性と可能性」について理論的な背景を教示いただけたこと、深く感謝しています。ここでは、専門的な内容や用語が使われていて、初心者の方には難しい所があると思われますが、一人ひとりが専門性を高めていくためとご理解くださるとありがたいです。

　FBM親子訓練会＝K-ABC：神戸エンゼルボールクラブ（神戸市）、ひまわりの会（尼崎市）、ふわふわボールの会（大阪市）、パスカルクラブ（埼玉市）等々＝の重度障がいの子どもたち、保護者をはじめ、障がいをもつ子どもたちに関わる教育、福祉、療育、医療の方々の出会いと実践研究の積み重ねによって、さらには、医療、療育関係の方々の適切なサポートにより、今のFBM研究会の活動が育てられてきました。

　思いを共有して、障がい児・者と学びあう仲間がいてこそのFBMです。改めてみなさんに「心からの感謝」を伝えたいです。

　本書の制作にあたり、原稿の作成、写真のモデル、撮影、掲載等、快くお受けいただき協力くださった皆様に感謝しています。

　イラストは今回も林やよいさんにお願いして、素敵な挿絵を描いていただき、本当にうれしかったです。

　本の出版に際して、株式会社クリエイツかもがわの伊藤愛さんには、前書に引き続き、ていねいにサポートしていただき本当にありがとうございました。また、見やすい構成を手がけていただいたデザイナーの菅田亮さんに感謝します。

　世界中で蔓延しているコロナウイルスの拡散防止には、３蜜を避ける必要性があります。「FBMは、「触れて（Touch）」「感じて（Feel）」「試みる（Try）」を基本に成り立ち、FBを

媒体とした人と人の直接的な相互の関わり合いによる「心と身体のボディワーク」です。したがって、FBMの実践ではソーシャルディスタンスを取ることは非常に難しいです。しかし、人と人のふれあい、伝えあいこそが教育の原点であり、日常生活が戻る日を願って、感染対策、アプローチ方法、情報の提供の仕方等、創意工夫をしながら、粘り強く今を乗り切りたいです。

　本書が知的障がいや発達障がいのある子どもたちの指導・支援として活用され、役に立てることを期待しています。

Let's enjoy "FBM" with us！

2021年　秋桜咲く季節に　　　大島　昇

編者　FBM研究会　　　http://www.angel.zaq.jp/fbm/

FBM研究会では、①FBMインストラクター養成講座 ②ボール (FB) の紹介 販売 ③書籍作成・販売 ④
各地の訓練会の支援・指導 ⑤講師派遣 研修会企画などの活動を行っています。
FBM研究会のメンバーは、特別支援学校教員を中心に療育関係者，医療，福祉施設職員等で構成され，
心身に障がいのある子どもたちとのFBMの実践研究を進めています。

ホームページ　http://www.angel.zaq.jp/fbm/index.html
E-mail　fbm@angel.zaq.jp

執筆者紹介

大島　昇　　FBM研究会代表　元大阪教育大学附属特別支援学校　FBMインストラクター スーパー
　　　　　　バイザー　専門分野：障がい児教育、療育相談…Part1、Part2、Part4

河野健三　　FBM研究会副代表　元大阪教育大学附属特別支援学校　現大阪府立藤井寺支援学校
　　　　　　FBMインストラクター スーパーバイザー　専門分：障がい児教育
　　　　　　　　　　　　　　　　　　　　　　　　　　　　　　…Part1、Part2、Part4

中尾繁樹　　関西国際大学教育学部教育福祉学科教授。文部科学省「学習指導要領改善の為の調査
　　　　　　研究」元委員、日本LD学会特別支援教育SV。著書に『子どもの特性を知るアセスメ
　　　　　　ントと指導・支援』『みんなの「自立活動」特別支援学 級・通級指導教室・通常の学級
　　　　　　編』『不器用な子どもたちの感覚運動指導（「特別」ではない特別支援教育）』他多数
　　　　　　　　　　　　　　　　　　　　　　　　　　　　　　…Part3

天野ちさと　FBM研究会　FBMインストラクター スーパーバイザー…Part3
奥井光司　　大阪府立中津支援学校　FBMインストラクター スーパーバイザー…Part3、Part4
伊藤静香　　広島県立広島特別支援学校　FBMインストラクター養成講座11期生…Part4
東　耕平　　大阪府立藤井寺支援学校　FBMインストラクター養成講座7期生…Part4
丹羽史和　　埼玉県立熊谷特別支援学校　FBMインストラクター養成講座9期生…Part4

●イラスト・林やよい
　障がいのある娘さんと心豊かに暮らしながら、子どもの頃からの夢だったイラストレーターの仕事にも活躍中。

●モデル
　「Dance Studio KiKi」のみなさん ほか

エンジョイ！ ファシリテーション・ボール・メソッド
発達を支援するからだの学習

2021年9月30日　初版発行

編　者　ⒸFBM研究会

発行者　田島英二　info@creates-k.co.jp
発行所　株式会社クリエイツかもがわ
〒601-8382　京都市南区吉祥院石原上川原町21
電話 075(661)5741　FAX 075(693)6605
郵便振替　00990-7-150584
ホームページ　https://www.creates-k.co.jp

印刷所──モリモト印刷株式会社

ISBN978-4-86342-312-1 C0036　　　Printed in Japan

学童期の感覚統合遊び　　学童保育と作業療法士のコラボレーション

太田篤志／監修
森川芳彦・豊島真弓・松村エリ・角野いずみ・鍋倉功・山本隆／編著

学童保育指導員と作業療法士のコラボ。2ページ見開きで、指導員が遊びを紹介×作業療法士が感覚
統合遊びを分析。　　　　　　　　　　　　　　　　　　　　　　　　　　　　　　2200円

障害のある人たちの口腔のケア 改訂版

玄　景華／監修　栗木みゆき／著

さまざまな障害から歯みがきがむずかしい人たちに、安全で楽しい歯みがきタイムを。口の構造やはた
らき、病気といった基礎知識から、障害によるトラブルへの対応や注意点、口腔マッサージを、イラス
トと写真をあわせてわかりやすく解説。動画とセットでよりわかりやすい！　　　　　1540円

学校に作業療法を　　「届けたい教育」でつなぐ学校・家庭・地域

仲間知穂・こども相談支援センターゆいまわる／編著

作業療法士・先生・保護者がチームで「子どもに届けたい教育」を話し合い、協働することで、子ど
もたちが元気になり、教室、学校が変わる。「作業療法士による学校訪問システムと人材確保」。先進
的な沖縄県の取り組みを紹介。　　　　　　　　　　　　　　　　　　　　　　　　2420円

特別支援教育簡単手作り教材BOOK

ちょっとしたアイデアで子どもがキラリ☆　　　　東濃特別支援学校研究会／編著

授業・学校生活の中から生まれた教材だから、わかりやすい！すぐ使える！「うまくできなくて困ったな」
「楽しく勉強したい」という子どもの思いをうけとめ、「こんな教材があるといいな」を形にした手作り教
材集。　　　　　　　　　　　　　　　　　　　　　　　　　　　　　　　　　　1650円

あたし研究　　自閉症スペクトラム～小道モコの場合

小道モコ／絵・文

自閉症スペクトラムの当事者が『ありのままにその人らしく生きられる』社会を願って語りだす。
知れば知るほど私の世界はおもしろいし、理解と工夫ヒトツでのびのびと自分らしく歩いていける！
　　　　　　　　　　　　　　　　　　　　　　　　　　　　　　　　　　　　　1980円

あたし研究2　　自閉症スペクトラム～小道モコの場合

小道モコ／絵・文

「自閉症スペクトラムと呼ばれる脳機能をもつ私」の世界は非常にオモシロイ！
私の世界は表現したいことに満ち満ちています。だから、楽しんで苦労しながら書き／描き続けます。
　　　　　　　　　　　　　　　　　　　　　　　　　　　　　　　　　　　　　2200円

チャレンジ！
ファシリテーション・ボール・メソッド (FBM)

こころと身体のボディワーク 基礎と実践

FBM 研究会／編

PART1　ファシリテーション・ボール・メソッドの基礎
　　FBMの概要　FBMの考え方　メディカルアドバイス
PART2　FBMアプローチの基本
　　評価・アセスメント　かかわり方の基本
　　プログラムの手順と立て方　FBMプログラムカード
PART 3　FBMの実践
　　側わん／知的障がい児・者／骨形成不全／医療的ケア／痙直型四肢まひ／成人脳性まひ／生活
　　介護施設（知的障がい）／発達障がい／保護者から見たFBM／日常生活での活用

B5判カラー136頁
2530円

税込価格表示

障がいのある子どもと家族の伴走者（ファン）
えがおさんさん物語

下川和洋／監修　松尾陽子・阪口佐知子・岩永博大・鈴木健太・NPO法人えがおさんさん／編著

制度ありきでなく、どこまでも障がい児者、家族に寄り添う支援の原点ここにあり。
障がいのある子どもたちと家族が困っていることを最優先に考え、制度・職種にこだわらない、持続可能な支援のカタチを求め、障がい児者と家族とともに歩む物語。　　　　　　　　　　　1980円

なければ創ればいい！　重症児デイからはじめよう！

鈴木由夫、（一社）全国重症児者デイサービス・ネットワーク／編著

どんなに重い障害がある人でも、全国どこでも、安全・安心な環境で地域で暮らせる社会が実現するために。重い障害をもったわが子を育てる、重症児デイを立ち上げる姿に共感と感動の物語。重症児デイの立ち上げから法人設立、事業準備、事業計画、資金、人材、利用者確保まで、重デイ・ネットの実績から明らかにする。　　　　　　　　　　　1980円

a life　18トリソミーの旅也と生きる

藤井蕗／著

子どもと家族を支えるチームは、どのようにできていくのかを知ってもらいたい―病気や障害を抱えたすべての子どもたちや家族が、1日1日、その子らしく生きることができるように。　　　2200円

ヘレンハウス物語　世界で初めてのこどもホスピス

ジャクリーン・ウォースウィック／著　仁志田博司、後藤彰子／監修

日本にも生まれつつある、難病や障害のあるこどもと家族の「こどもホスピス」「レスパイト施設」開設のバイブル！難病の子どもたちの「ヘレンハウス」設立と運営、その後の感動的な物語。　　2640円

障害の重い子どもの発達診断　基礎と応用

白石正久／著

障害に焦点化して理解されがちな「障害の重い子ども」。
発達検査の手技、発達診断の視点の検討を通して、何がどのように見えるのか、何を見落とさず読み取るべきかを議論しよう。　　　　　　　　　　　2640円

よくわかる子どものリハビリテーション

栗原まな／著

子どものリハビリテーション基礎知識の入門書。リハビリを必要とする子どもの家族、施設や学校関係者などの支える人たちへ、検査方法やどんなスタッフがどのように関わるか、疾患別にみたリハビリテーションなど、基礎的な知識をやさしく解説。　　　　　　　　　　　1540円

療育って何？　親子に笑顔を届けて

近藤直子、全国発達支援通園事業連絡協議会／著

障害を診断される前のゼロ歳の時期から「育てにくさ」をもつ子どもと家族を支える大切さと、取り組みを親、OT、PT、保育士、事業所、行政それぞれの視点から紹介。「療育」とは何かが浮かび上がる。　　　　　　　　　　　1870円

子どものかわいさに出あう　乳幼児期の発達基礎講座

近藤直子／著

発達とは何か、乳児から幼児になる1歳半の節、2歳から3歳の自我のめざめ、4、5歳のこころの育ちを学ぶ。できる自分とできない自分の間の揺らぎ、子どもの「イヤ」に秘められた心の育ちを知ったとき、子どもがかわいく見えてくる。　　　　　　　　　　　1320円